여해연구소 이사장 **이인재**의
역사씹어먹기

**여해연구소 이사장 이인재의
역사씹어먹기**

초판 1쇄 인쇄 2024년 1월 05일
초판 1쇄 발행 2024년 1월 10일

지은이 이인재
펴낸이 이종윤
펴낸곳 인베스트링크 주식회사
디자인 이지컴

ⓒ 이인재, 2024

등록일 2020년 3월 26일
신고번호 제 2020-000034호
주소 서울특별시 강서구 마곡서로 152, A동 513호(마곡동, 두산더랜드타워)
전화 02-3788-9157
팩스 02-6989-9488
이메일 book@investlink.co.kr
홈페이지 http://yeohae.dongguk.edu/front

ISBN 979-11-970162-2-6 **03910**

정가 20,000원

여해연구소 이사장 **이인재**의
역사씹어먹기

책머리에

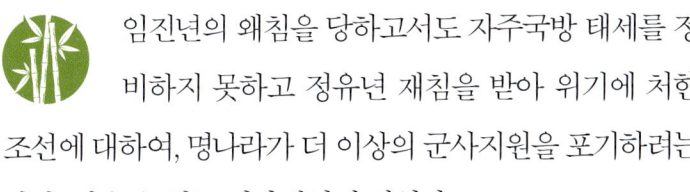　임진년의 왜침을 당하고서도 자주국방 태세를 정비하지 못하고 정유년 재침을 받아 위기에 처한 조선에 대하여, 명나라가 더 이상의 군사지원을 포기하려는 찰나, 믿을 수 없는 명량대첩이 있었다.

　명 주둔군 최고사령관인 경리 양호가 이순신에게 은과 비단을 주어 표창하였고, 선조는 양호를 접견하였다.

　선조 종묘사직을 보전시켜준 대인의 공로에 사은코자 절을 올리려 하옵니다.

　양호 내가 무슨 공이 있습니까? 이는 오로지 이순신의 공입니다.

　선조 그가 약간의 적을 잡았으나, 큰 공도 아니고 자랑할 것도 없는데, 대인께서 은과 비단으로 표창하시니 너무 과하십니다.

약소국의 왕이 대국의 장수에게 건네는 의례적인 멘트라고도 볼 수 있겠으나, 이후의 상황 전개를 보면 이는 선조의 진심이었다.

그는 국가 위기 극복의 최대 공로자는 명군의 지원을 성사시킨 자기 자신인데, 일개 군사령관에게 세상의 이목이 집중되는 것이 매우 못마땅했던 것이다.

〈징비록〉을 쓴 서애 류성용은 조선의 임란 극복 요인을 세 가지로 꼽았다.

첫째는 천운, 둘째는 의병활동, 셋째는 명나라의 군사 지원이었다.

의병활동과 명군 지원은 쉬 이해가 가는데, 천운이란 무엇인가?

명재상 류성용이 다른 글도 아닌 〈징비록〉을 쓰면서 이런 모호한 용어를 첫째 요인으로 거론한 것은 본의가 아닐 것이다.

그가 말하고자 했던 첫째 요인은 아마도 '이순신의 전공' 아니었을까?

그러나 당시는 국난 극복의 제일 공로자로 자처하는 선

조가 아직 재세중이고, 조정의 반대파 세력이 막강할 때였다. 사실대로 기술했다가는 멸문지화를 각오해야 할 상황임을 너무나 잘 알고 있었을 것이다.

역사 공부의 어려움과 매력은 바로 여기에 있다.
역사 기술을 대충 씹어 삼키려 하면, 손쉽긴 하나 제대로 소화하지 못한다.
직설적 표현 뒤에 숨은 은유, 그 행간의 의미까지 파악하고 제대로 소화하려면, 역사를 자근자근 씹어 삼켜야 하는 것이다.

동국대학교 여해연구소 이사장 **이 인 재**

추천의 글

평소 존경하고 내 인생의 롤 모델로 삼고 있는 동국대학교 여해연구소 이인재 이사장님이 인생 팔십을 맞이하는 2024년 1월에 에세이를 출간한다. 일종의 수상록인데, 그 소재는 대부분 이순신과 임진왜란이다.

저자는 부산중고등학교와 서울대학교를 우수한 성적으로 졸업했다. 취업으로 대한항공 근무 후 퇴직하고 본인이 아남항공을 운영하며 그동안 전세계 90여 개에 가까운 나라들을 다녔다. 그런 경험들이 대한민국 고난극복의 역사에 관심을 가지게 했으며, 결국 저자를 이순신 덕후로 만들었다.

저자는 개인적으로 '여해아카데미'를 설립하여 이순신과 임진왜란 역사 공부를 통한 징비정신의 선양을 위해 이순신 웹툰, 이순신 만화, 이순신 전적지 탐방 등의 사업을 해 왔다. 그러다 드디어 2021년 10월 동국대학교 부설 여해연구소를 만들어 이사장을 맡았다. 여해연구소 창설 이후 학술세미나, 이순신 연극, 이순신 골든벨, 1592 이순신 유튜브 채널 운영, 김천손마라톤 추진, 이순신 탄신 500주년 기념 음악회 추진 등 체계적으로 더 많은 사업들을 해나가고 있다.

에드워드 H. 카아는 '역사란 과거와 현재의 대화'라고 말했다. 과거의 역사를 공부하는 것은 단순히 그 과거의 일을 알기 위함이 아니라 현재의 시점에서 과거를 살펴 반성하고 정비하면서 다가올 미래를 잘 대비해야 한다는 의미일 것이다.

저자가 왜 하필이면 자신의 에세이 제목을 '역사씹어먹기'라고 했을까.
내가 생각하기에는 과거의 역사를 자근자근 잘 씹어서 소화를 제대로 시키면 다시는 임진왜란이나 6.25전쟁 같은 국난이 우리나라에서 일어나지 않을 수 있고, 결국은 전쟁 없는 평화의 세상이 도래할 것이라는 믿음 때문이리라.

그렇다. 전쟁은 멀리 있지 않다. 아주 가까이 있다. 21세기판 임진왜란인 러시아와 우크라이나 전쟁이 지금 이 시대에도 일어나고 있음을 보아도 유비무환의 정신은 아무리 강조해도 지나침이 없다.

단재 신채호 선생이 '역사를 잊은 민족의 미래는 없다'고 말했듯이 이인재 이사장이 이순신과 임진왜란을 소재로 쓴 이 에세이를 꼭꼭 씹어 먹어보자. 많은 사람들이 저자의 진정성이 담긴 이 수상록을 꼭꼭 씹어 읽고 공감한다면 우리가 전쟁 없는 평화의 세상을 누릴 수 있을 것이다. 그렇기 때문에 독자들에게 감히 일독을 권하지 않을 수 없다.

읽고 생각하고 징비하여 미래를 대비하자.

동국대학교 여해연구소 소장(정치학박사) 김 광 용

추천의 글

 재작년 가을이다.

동국대 이해랑예술극장에서 〈남해달빛〉 첫 공연을 마치고 인근 호프집에서 배우들과 뒤풀이를 하고 있었다. 기획부터 공연까지 1년이 넘는 시간을 준비했다.

느지막한 시간, 전화가 왔다.

"임 작가님, 어떠세요?"

"네… 그렇습니다. 이사장님, 어디세요?"

"집 근처 포장마차예요."

"홀로 계신 거예요?"

"네."

안 그래도 마음 편치 않았는데 이사장님 목소리를 들으니 울컥했다. 참았다. 당장이라도 달려가 마주앉아 소줏잔을 기울이고 싶었다. 그날, 기어이 울고 말았다.

얼마 전 이사장님을 뵈었다. 그날 얘기를 했다.
"저는요, 남해달빛 하면서 그날 포장마차에서 술 한잔 못 한 게 한이에요."
"그건 나중에 하면 된다."
'충무아카데미' 창립일이었다. 기분이 좋아서 만취했다. 기억도 없이 취한 나를 이사장님은 너그러이 받아주셨다.

이인재 이사장님을 처음 만난 건 4년 전이다. 짧다면 짧고, 길다면 긴 시간이다. 그 시간 동안 나는 이사장님을 보면서 감동했다. 우리가 모르는 이순신을 세상에 널리 알리기 위해 애쓰는 모습, 이순신이야말로 한국 최고의 문화유산이라는 믿음으로 문화예술에 아낌없이 투자하고 지원하는 모습을 보면서 감동했다. 이순신 알리기에 여생을 바치고 있는 모습에 어찌 감동하지 않을까.

이 책을 읽으면서 나는 또 감동했다. 이순신과 임진왜란, 그에 얽힌 역사를 씹어먹는 이 책은 늘 조곤조곤 말씀하시는 이인재 이사장님 그 자체다. 허세 없이 그야말로 가벼이 말씀하시지만, 그 안에서 사상과 철학, 세계관을 볼 수 있는 이사장님의 '언어' 그대로인 책.

나는 이 책을 많은 사람들이 보았으면 좋겠다. 이 책에는 사람을 감동시키는 이인재 이사장님의 향기가 있다. 나는 이 향기가 바람에 실려 물결처럼 퍼져 나갔으면 좋겠다.

한 사람이 감동하면 세상이 감동한다.
나는 이 말을 믿는다.

내게 이인재 이사장님은 감동이다.
나의 이 감동은 곧 세상의 감동이 되리라 믿는다.

그날, 나는 이인재 이사장님과 마주앉아 소줏잔을 기울이고 있으리라.

작가 **임 영 록**

차례

에세이 2022

미래 전략과 대비 • 21
어디서 와서 어디로 가는가? • 23
60년 만에 피는 꽃 • 25
문화유산의 수호자 • 27
왜 수군의 공동묘지 • 30
까막눈이 히데요시 • 32
침략의 유전자 • 34
1597년 9월 16일 • 37
불편한 진실 • 39
일본 천추의 한 • 42
1592년 4월 20일 • 45
동구비보의 고난 • 47
고난의 일생 • 49
역사의 왜곡 • 51
영웅의 어머니 • 54
가문을 기울인 충성 1 • 57
가문을 기울인 충성 2 • 59

역사의 아이러니 • 61
십만 양병(?) • 63
왕명거역죄(?) • 66
선위전술(잠수함 전법) • 69
차별의 역사 • 72
신의 가호 • 75
절이도해전 • 78
간첩을 속이는 것이 영웅? • 81
일본을 다녀온 후 • 84
종계변무(宗系辨誣) • 87
이치(배티재)전투 • 90
실수와 허수 • 92
전사? 자살? • 95
임진왜란 총론 • 99
새로운 시간 • 102

에세이 2023

신년단상 • 109
쇠사슬 • 112
날씨, 어머니, 식량 • 115

거제도 • 118
역사의 갈림길 • 121
역사의 법칙 • 124
봉수대의 효용 • 127
통신의 발달 • 130
1582년 • 133
인구 피해 • 135
전쟁의 기억 • 138
땅따먹기 • 145
깎아내리기 병 • 148
거북선의 출현 • 152
거북선의 최후 • 155
노 젓는 시대의 해전 • 158
또 다른 선택 • 161
명량해전 유감 • 164
패전의 교훈 • 168
패전국의 운명 • 171
음주 전통 • 174
집안 분열 • 178
공평한 인사(?) • 181
기적의 수군 재건 • 184
이순신과 원균 • 187
침략군 장수들 • 191
사야카의 귀순 • 194

대장에게 곤장 맞는 중장 • 197
울돌목 • 200
코무덤과 왜덕산 • 203
1950년 12월 22일 저녁 흥남부두 • 206
'태양의 아들'의 큰소리 • 209
오판의 연속 • 211
관동대학살과 이순신 • 214
거북선의 개념 설계 • 218
조선성과 왜성 • 222
광화문의 3 레전드 • 225
일본인의 잔인성 • 229
'위대한 만남'의 불발 • 232
명나라의 군사 지원 • 235
천재와 범재 • 238
임진왜란과 호국불교 • 241

부록/OhmyNews 인터뷰
우리는 이순신을 얼마나 알고 있나? • 249

에세이 2022

미래 전략과 대비

1월 1일. 맑음.
새벽에 아우 여필과 조카 봉, 맏아들 회가 와서 이야기를 나누었다. 다만 어머니를 떠나 두 번이나 남쪽에서 설을 쇠니, 간절한 회한을 이길 수 없다.
병마절도사의 군관 이경신이 병마사의 편지와 설 선물, 장전, 편전(화살) 등 여러 가지 선물을 가지고 와서 바쳤다.

이순신은 1589년 11월부터 종6품 정읍 현감으로 근무하다가 1591년 2월에 7계급 특진, 정3품의 전라좌도 수군절도사로 발령받아 전라좌수영(여수)에서 근무한다. 이 일기는 새 임지에서 1592년 1월 1일(음력)에 쓴 글이다. 이제껏 여러 임지에서 근무하면서도 일기를 남기지 않았는데, 왜 새 임지에서 정월 초하루부터 일기를 썼을까?

그는 이때 이미 전쟁이 일어날 것으로 내다보고 그 기록을 남기기 위해 붓을 들었던 것이다. 그리고 백일 후 실제 전쟁이 터졌다. 비록 길지는 않았으나 준비 기간이 있었고, 그 기간에 빈틈없는 준비를 해두었기에 이순신은 승리할 수 있었다.

준비란 성공의 충분조건이 될 수도, 안 될 수도 있다. 하지만 필요조건임에는 틀림없다.

어디서 와서 어디로 가는가?

 작년 이맘때 나는 코로나19로 3일 출근, 2일 재택 근무를 했다.

십년 전에는 회사 임직원들과 함께 아산 현충사를 다녀왔다.

백년 전엔 나의 아버지가 흥남에서 할아버지 농사 심부름을 하고 있었다.

천년 전엔 우리 이씨 조상들이 전주에서 농사를 지으며 살고 있었다.

만년 전엔 조상들이 카자흐스탄 지역에서 농목 생활을 하고 있었을 것이다.

십만년 전에는 아프리카에서 홍해를 건너 아시아 대륙으로 건너올 준비를 하고 있었을 것이다.

백만년 전에는 아프리카의 중동부 지역 밀림에서 사냥을 하며 힘들게 살았을 것이다.

천만년 전에는 우리 조상은 침팬지였다.

일억년 전에는 중생대의 거대한 공룡들 사이에서 눈치를 보며 사는 작은 포유동물이었다.

십억년 전에는 바다에 떠다니는 미세한 유기물이었다.

백억년 전에는 지구도 태양도 없는 우주 공간을 떠다니는 소립자였다.

139억년 전에는 시간도 공간도 없었다.

60년 만에 피는 꽃

망우당 곽재우(1552~1617)는 1592년 4월 13일 왜군이 부산에 상륙하자 9일째인 4월 22일 전국에서 최초로 의병을 일으켰다.

왜군은 군사·군정 방침에 따라 전라도를 점령 통치할 제6군의 고바야카와 다카카게의 군사가 경상도 의령 남쪽 정암진에서 낙동강을 건너고자 했다. 그러나 곽재우의 공격으로 좌절되었다.

이에 그들은 북쪽으로 침입로를 바꾸어 여러 차례 전주를 향해 공격을 시도했고, 권율 등에 의해 배티재(이치), 곰티재(웅치) 전투에 패배했다. 동시에 바다에서는 이순신 함대에 패해 결국 전라도 진공을 포기할 수밖에 없었다.

이로써 조선은 왜군의 한성 점령에도 불구하고 여타 지역에 병참 보급을 이어갈 수 있었고, 해로로 강화도를 경유해 의주에 피난 중인 조정과 통신체계도 유지할 수 있었다.

지금 곽재우의 생가 터에는 60년에 한 번 핀다는 대나무 꽃이 피어 있다. 사실이라면 이 꽃은 60년 전의 임인년, 60년 후의 임인년, 즉 임인년에만 핀다는 말이다.

검은 대나무 줄기에 하얗게 핀 대꽃. 꽃송이는 지름 1cm도 되지 않아 눈에 잘 띄지도 않는다.

찬바람 겨울에도 푸르기만 한 댓잎. 그러나 너무 작고 볼품없어 애처롭기까지 한 대나무꽃.
구국의 큰 영웅이면서도 나라의 인정을 받지 못하고 궁하게 최후를 마친 충익공 곽재우의 일생을 보는 듯해 내내 마음이 아리다.

문화유산의 수호자

임진왜란 당시 도요토미 히데요시는 조선 8도의 분할 통치를 각 군사령관들에게 명했다. 함경도는 가토 기요마사, 평안도는 고니시 유키나가, 황해도는 구로다 나가마사, 강원도는 모리 요시나리, 경기도는 우키타 히데이에, 충청도는 후쿠시마 마사노리, 경상도는 모리 데루모토, 전라도는 고바야카와 다카카게였다.

그들은 모두 자기에게 할당된 지역을 부분적으로 점령하고 조세 징수 등 점령행정을 일시나마 시행했다. 그런데 고바야카와만은 점령행정은커녕 자기 할당 지역에 발도 들여놓지 못했다.

고바야카와는 경상도 의령을 통해 전라도로 침입하려 했으나 곽재우 등 의병에 막혔고, 충청도로 우회하여 침입하려 했으나 이치와 웅치에서 권율 등에게 패퇴했다. 바다에서는 이순신 함대 때문에 엄두도 못 내었고, 총력을 다한 진주성 공격도 또 한 명의 충무공 김시민에 의해 좌절되었다.

고바야카와는 히데요시의 질책도 두려웠겠지만 최고참(연령으로) 사령관으로서의 체통도 말이 아니었다.

결국 전라도는 정유재란까지 왜군에 짓밟히지 않고 조선의 병참기지 역할을 훌륭히 수행했고, 강화도를 디딤돌로 하여 조정의 행정집행 능력도 유지할 수 있었다. 또 명나라의 군사원조도 원만히 이루어질 수 있었다.

그런데, 그뿐일까?
또 하나 중대한 사실!

임란 기간 전주가 보전되면서 전주 사고(史庫)가 보전되었다. 왜군의 야만적인 방화로 춘추관, 청주, 성주 사고는 물론 불국사 등 수많은 사찰이 전화를 입는 중에도 팔만대장경과 함께 전주 사고만은 살아남아 조선 개국의 역사, 세종대왕의 빛나는 업적들을 온전하게 전해주고 있다. 이 얼마나 천행인가?

조선왕조실록은 세계기록문화유산 중에서도 질적이나 양적이나 최고의 가치를 인정받고 있다. 이 자랑스러운 유산을 보전한 두 분의 충무공 이순신과 김시민, 충장공 권율, 의병들에게 우리는 물론 유네스코(UNESCO) 또한 감사해야 하지 않을까?

왜 수군의 공동묘지

1592년 9월 1일.

이순신의 연합함대는 새벽에 가덕도를 출발해 부산 앞바다로 항진하는 과정에서 사하구의 화준구미에서 적의 대선 5척을 격파하고, 다대포에서 대선 8척, 서평포에서 9척, 절영도에서 2척, 모두 24척을 격파했다.

오후 3시경, 적선 500척이 정박한 본진을 공격, 해가 저물 때까지 총 130척을 격파했다.

그럼 이때의 전적은 어떻게 셈해야 할까? 지역(해역) 기준으로 보면 5:0, 일자 기준으로 보면 1:0이다.

이순신의 7년 전적을 23전 23승으로 기록하기도 하고, 45전 45승으로 기록하기도 하는 것은 전투 지역, 일시, 규모 등 그 기준에 따라 달라질 수밖에 없기 때문이다.

그렇다면 이 수많은 전투를 통해 왜 수군에 가한 함선과 병력 피해는?

격침과 분멸 등 일본의 함선 총 피해는 기록상 794척이다. 병력 피해는 정확히 알 수 없다. 그 수많은 함선의 탑승 인원을 일일이 파악할 수 없기 때문이다. 대, 중, 소 함선의 척당 평균 탑승자를 60~70명으로 칠 때 5만 명 전후로 추정할 수 있겠다.

남해바다에 수장된 5만의 왜병!

세계의 어느 바다에도 이토록 많은 수장자가 묻힌 곳은 없다. 그래서 남해는 왜 수군의 공동묘지이다.

까막눈이 히데요시

파스칼은 말했다. 클레오파트라의 코가 3mm만 낮았더라면 세계의 역사는 바뀌었을 것이라고.

클레오파트라가 오늘날 기준으로 봤을 때 미인은 아니었더라도 남성을 매혹하는 요염미로 인해 로마의 장수들 간에 싸움이 나고, 그 결과 서양사 나아가 세계사가 바뀌었다는 말이다.

동양의 경우는 어떨까?

히데요시가 문맹이 아니었더라면 세계의 역사는 바뀌었을 것이라고 말할 수 있지 않을까?

오늘날 국제공용어는 영어이지만 400여 년 전 국제공용어, 특히 외교문서는 한문으로 썼다.

히데요시는 글(한문)을 몰랐다. 그러다보니 휘하 장수들이 외교 교섭에서 농간을 부리는 일이 자주 있었다.

그보다 더 중요한 것은 히데요시가 기본 교양교육을 받

지 못했다는 것이다. 그래서 그의 의사결정이 극히 몰상식하고 비정상이었다.

'무식하면 용감하다'고 했다. 조선을 통해 대륙을 정복한다는 히데요시의 결정은 극히 독선적이었다. 전쟁 또한 극히 잔인하고 즉흥적인 방식이었다. 아들이 없을 때 조카(누나의 아들)에게 관백 직위를 물려주었다가 뒤늦게 아들을 보게 되자 죄도 없는 조카의 일가족 38명을 집단 처형한 것만 보더라도 정상적인 인류에선 상상할 수 없는 일이다. 제2차 진주성전투에서 조선 민·군 6만 명을 학살한 것도 인구비례로 볼 때 1937년의 난징대학살을 능가하는 잔혹행위였다.

글을 배운다는 것, 실용학문을 배우건 성리학을 배우건 장단점이 있겠지만 적어도 스승으로부터 공손히 가르침을 받는 성장과정을 거치지 않은 인간이 권력을 가질 때 그 사회나 세상은 자칫 사자나 하이에나가 설치는 동물의 왕국이 될 수도 있다는 것을 보여주는 사례라 할 것이다.

침략의 유전자

1941년 12월 8일 일본군은 하와이 진주만을 기습 공격했다. 이에 전장은 아시아 대륙에서 태평양으로 확대되었고, 일본은 그때까지의 중·일전쟁을 확장해 대동아전쟁이라 불렀다. 미국과 유럽 세력을 아시아에서 몰아내고, 아시아 모든 민족을 해방시키는 성전을 벌인다는 뜻이었다.

그런데 이 대동아전쟁의 원조는 바로 히데요시였다. 히데요시의 조선, 중국, 고산국(대만), 루손국(필리핀), 천축국(인도) 정복 계획은 이때 새삼 재평가되었다.

1942년 1월 8일 일본은 필리핀 마닐라를 함락했다. 그때 일본은 히데요시가 필리핀에 조공을 바치라는 국서 발송 350주년이라며, 이를 크게 기념해야 한다고 요란을 떨었다. 실제로 다음날인 1월 9일, 그들은 오사카성 맞은편의 오테마에공원에서 육·해군의 군기가 펄럭이는 가운데 약 2만 명의 시민과 학생들이 히데요시 영전에 마닐라 점령 봉고제(장례를 하늘에 알리는 의식)를 올리고 축하행진을 성대하게 거행했다.

그럼 히데요시의 아시아 정복 계획의 뿌리는 어디서부터일까? 그것은 7~8세기에 걸친 신공왕후에 의한 신라 정벌이었다. 출산을 목전에 둔 신공왕후가 거북이 등에 올라타고 현해탄을 건너 신라 영토 깊숙이 처들어와 신라 왕의 항복을 받았다는 얘기다.

자칭 태양의 아들인 히데요시는 이 신공왕후가 점령했던 영토를 되찾고, 300년 전 몽고군의 앞잡이로 일본을 침략한 조선(당시는 고려)을 응징한다는 명분으로 대륙정벌의 발을 내디딘 것이다.

이렇듯 실존 자체가 불분명한 전설의 인물들을 실존 인물로 만들어 역사를 왜곡, 날조하는 것은 저들의 특기라 하겠다. 건국 이래 오늘까지 126명의 천황을 받들고 있지만 실존 인물이 몇인지는 그 누구도 모른다.

도쿠가와 이에야스는 히데요시의 행적과 침략 야욕을 덮어버렸다. 그래서 세상에 잘 알려지지 않았다. 지금 일본은 평화국가다. 하지만 다시 전쟁을 일으키지 않는다는 보장은 하기 어렵다.

용암을 안고 속으로 부글거리는 후지산처럼, 그 땅에 사는 일본 정치 지도자들의 마음속 또한 알 수 없다.

1597년 9월 16일

1597년 9월 16일, 이순신은 명량에서 13척의 미니 함대로 130척의 왜 함대를 격퇴했다. 세계 해전사상 유례없는 기적의 승리였다. 그러나 당시 이순신과 장병들은 오직 필사즉생(必死則生)의 각오로 싸웠을 뿐 다른 걸 생각할 여유가 없었다.

그런데 이 전투의 파장은 컸다. 무엇보다 왜군의 서해 진출이 좌절돼 육군과의 수륙병진 작전이 불가능해졌다. 명나라는 가장 우려하던 해안경비에 한숨 돌리게 되었을 뿐더러 황해를 통해 조선에 병력과 병참 지원을 할 수 있게 되었다.

특히나 장기간의 전투에 지쳐 조선 지원을 포기하려던 때에 예기치 못한 기적적 전승에 놀라 다시 조·명연합군을 가동하게 되었으니 명량 전투야말로 전쟁의 물굽이를 돌려놓은 역사적 사건이 아닐 수 없다.

얼마 전 20대 대통령 선거가 있었다. 5년마다 있는 정례 행사다. 우리나라에도 있고 외국에도 있다. 정권 유지도 될 수 있고 정권 교체도 될 수 있는 확률 게임이다. 여당도 야당도 당장엔 승패에만 매달리지 먼 장래에 어떤 결과를 가져올지 지금 당장엔 알 수 없다.

그러나 세월이 흐른 후에는 반드시 역사적 평가가 나올 것이다. 다반사적인 정권 교체였나, 백척간두에 선 나라를 구한 천우신조의 대사건이었나.

우리 자신들은 모르더라도 우리 자식들은 알게 될 것이다.

불편한 진실

 1597년 7월 16일, 조선 수군은 칠천량에서 왜군에게 궤멸적 패배를 당하고 삼도수군통제사 원균은 전사했다.

원균의 승전 장계를 기대했던 선조는 패전 소식에 크게 낙담했으나, 어쨌든 통제사의 장계를 기다렸다. 그러나 장계는 끝내 없었다.

원균의 전사를 확인한 선조는 7월 23일 서둘러 백의종군 중인 이순신을 재차 삼도수군통제사로 임명했다. 임명교서는 8월 3일 두치에 있던 이순신에게 전달되었다.

그러나 교서는 받았으나 배가 없었다. 수군통제사가 되었으니 헤엄이라도 쳐서 적과 싸우라는 말인가!

이순신은 연안 지방을 순찰하며 약간의 무기와 말 등을 징발했다. 하지만 전투 대비에는 어림없는 수준이었다. 순행 보름 후인 8월 18일 이순신은 강진의 회령포에 이르렀다. 거기에는 칠천량전투에서 도주한 경상우수사 배설이 12척의 전함을 숨겨놓고 있었다.

이때 선조는 다시 교서를 내렸다.
"배가 없으니 수군을 파하고 육군에 합류하여 싸우라."
이순신은 답했다.
"신에게는 12척의 배가 있고, 신이 살아 있으므로 수군으로 싸우겠나이다."

곧이어 전라우수사 김억추가 배 한 척을 몰고 와 13척이 되었다. 결국 이 13척으로 명량대첩을 이루었다.

칠천량전투에서 12척의 배를 이끌고 도주했던 배설. 그는 명량해전을 앞두고도 병을 핑계로 상륙했다가 탈영, 2년 후 권율에게 체포되어 참형을 당했다. 칠천량에서는 원균의 지휘능력을 불신하여 기회를 보아 탈영했고, 명량에서는 이순신의 패배가 너무나 명약관화하여 탈영했다.

그가 남긴 것은 말 없는 배 12척.

그가 칠천량에서 휘하의 배를 이끌고 적진에 돌진하여 장렬히 전사했더라면, 우리에겐 12척이 주어지지 않았을 것이다. 그러면 명량해전은 이루어질 수도 없었을 것이다.

   그 12척의 배가 조선을 구하고 동양의 역사를 바꾸었으니, 배설은 하늘이 보낸 희생양인가, 그 12척이 오페라의 유령인가?

일본 천추의 한

테르모필레(Thermopylae)

서기전 480년 페르시아의 30만 대군을 저지하기 위해 스파르타의 왕 레오니다스(Leonidas)가 선택한 좁은 산길이다. 배신자가 페르시아군에게 샛길을 알려주는 바람에 결국엔 돌파되고 말았지만, 그가 이끈 300 정예병의 용전과 더불어 그 탁월한 입지 선정은 역사에 남아 있다.

당시 아테네 해군은 살라미스(Salamis) 해전 승리로 육군의 패배를 몇 배로 갚아주었다.

울돌목

1597년 일본 대함대의 서해 진출을 저지하기 위해 이순신이 선택한 좁은 해협이다. 배신자도 도망병도 없이 필사즉생의 정신으로 싸워 기적의 승리를 거둔 곳이다.

모름지기 전투란 승리를 거두어야 하는 것. 그러기 위해

서는 가장 유리한 장소에서, 가장 유리한 시기에, 가장 유리한 방법으로 싸워야 하는 것. 더구나 아군이 중과부적일 때는 더욱 강조되는 병법이 아닐 수 없다.

명량대첩이라 불리는 이 기적의 승리. 조선의 입장에서는 천만다행이요, 일본의 입장에서는 천추의 한일 것이다.

왜?

이 싸움은 단지 한 번의 패전으로 끝낼 싸움이 아니었기 때문이다.

일본은 이 전투에서 31척의 배를 잃었지만 아직도 그 열 배 이상의 함정이 남아 있었다. 조선은 사력을 다한 이 싸움에서 사실상 전투력을 거의 소진했다.

실제로 이순신 함대는 병력과 화력 보충을 위해 이기고도 후퇴하지 않을 수 없었다. 이때 일본군의 공격을 계속 받았다면 결과는 처절하고 비참했을지 모른다.

생각하기도 끔찍하지만, 일본은 드디어 대륙에 거점을 확보한 해양국가로서 엄청난 팽창을 이루었을지도 모른다.

지금까지도 대륙에 거점을 확보한 해양국가는 미국뿐이다. 미국은 태평양과 대서양을 안고 있으며, 본토 자체가 대륙이다.

　아무튼 일본 수군은 이순신 공포증 때문인지 다시는 이순신 함대 근방에 얼씬하지 않았다. 조선 수군이 전력을 회복해 고금도, 나아가 노량으로 진격할 천금의 기회를 만들어 주었다. 이를 어찌 천운이라 아니하겠는가? 조선의 천운이 일본에는 천추의 한이었다.

1592년 4월 20일

 히데요시의 명을 받고 조선 땅에 상륙한 일본군은 개미떼처럼 진격하며 평화로운 땅을 유린하고 약탈하기에 바빴다.

그 16만 중의 한 명, 사야카.

가토 기요마사의 좌선봉장이었던 그는 이 정복 전쟁을 인정하지 않았다.

도대체 누구를, 무엇을 위한 전쟁인가?

아무리 떠들어도 단순한 살육 게임이었던 이 전쟁의 대의명분을 인정할 수 없었던 그는 조선의 상대방인 경상좌병사 박진에게 3천 병사를 이끌고 자진 귀순했다. 그리고는 조선군에게 화약과 총포 제조 기술을 전수하고, 스스로 왜군에 대항해 싸움으로써 일방적으로 밀리던 조선군에게 다대한 전력을 제공했다.

임란 후 사야카는 이괄의 난을 평정하고, 정묘호란과 병자호란까지 이 나라 역사의 최고난기에 전투 일선에서 무류의 공적을 남기고 대구 달성군에 낙향해 여생을 보냈다. 조정에선 그에게 김해김씨를 사성하고, 목동서원을 허하였으며, 병조판서를 추승했다.

오늘날 그의 후손은 국내에 7천 명 이상 번성하고, 그중엔 우리 정부에서 내무·법무장관을 지낸 김치열 씨 등도 있다.

일제 35년 동안에는 일본으로부터 배신자, 매국노로 취급받아 불편한 입장에 처하기도 했으나, 그의 정의감과 평화정신은 오랜 압제에도 불구하고 되살아나 양국의 역사 교과서에 나올 정도가 되었다.

조선에서 건너가 도공의 신이 된 이삼평이나 심수관 등의 문화전파자가 있는가 하면, 일본에서 건너와 정의와 평화를 실천한 사야카(김충선)도 있다.

역사를 십년, 백년으로 세지 말고 천년, 만년으로 세어 보자.

한국과 일본은 몇 백 년 싸워야 할 원수라기보다, 몇 만 년 같이 살아야 할 이웃이 아니겠는가?

동구비보의 고난

세종대왕이 강역 확장을 위해 설치했던 4군 6진. 오늘날 두만강, 압록강의 경계지역이다. 이곳엔 한라산보다 높은 산이 65개 솟아 있는 개마고원이 있고, 대대로 여진족이 시도 때도 없이 출몰하던 지역이라 세종은 요소요소에 방어초소인 '보'를 설치했다.

1576년 12월 무과에 급제한 이순신이 첫 인사발령을 받고 '동구비보'에 부임하니, 함경남도 삼수 지방이다.

이순신을 맞이한 것은 초라한 막사와 북풍한설. 활은 시윗줄이 얼어 끌어당길 수 없었고, 칼과 창도 손을 잘못 대면 바로 동상이었다.

눈보라가 심해 자칫하면 밖에 나갔다가 길을 잃기 십상이고, 눈은 키보다 높이 쌓였다. 밥 지을 물은 얼음을 깨어 써야 했고, 추위를 막을 군복도 막사도 허술하기 짝이 없었다.

그렇다고 마구 불을 피워 적군에게 위치를 노출시킬 수도 없어서 식사, 빨래, 수면, 배설 등 기초생물학적 생존 자체가 전투보다 어려웠다.

종8품 훈련원 봉사로 승진해 한양으로 부임하기까지 이순신은 2년 3개월을 이곳에서 근무했다. 그가 애초의 계획대로 문관의 길을 걸었더라면 고생을 덜했을 것이다. 그러나 그는 후회도 불평도 하지 않았다.

어릴 적 아산에서 살 때 서해안으로 침범한 왜적들의 만행과 우리 백성의 비참한 죽음들을 목격할 때마다 솟구치던 의로운 분노!

국경의 북풍한설은 그의 의분과 애국심을 더욱 공고히 다지는 연마제가 되었을 뿐이었다.

주말에 영하 13도의 강추위가 온다는 일기예보에 다들 떨고 있다. 영하 40도(이 온도에서는 섭씨, 화씨가 같다)의 겨울을 났던 그 옛날 동구비보의 병사들은 뭐라고 할까.

고난의 일생

한국전쟁 당시인 1950년 10월 25일, 미군 제1 해병사단은 함경남도 원산에 상륙했다. 그리하여 10월 30일 장진호 방면으로 진격하였으니, 행로는 흥남-13km-함흥-56km-진흥리-16km-고토리-18km-하갈우리-22km-유담리였다.

그러나 중공군의 개입으로 미 해병사단은 두 달 동안 이 길을 거꾸로 내려오느라 천신만고를 겪었고, 크리스마스 이브에야 겨우 후퇴작전을 완료할 수 있었다.

한반도에서 벌어진 많은 전투 중에서 이토록 치열하고 처절한 전투는 그리 흔치 않다.

그런데 이보다 370여 년 전에 이 길을 다녀간 사람이 있다. 이순신이다.

그 당시엔 장진호가 없었다. 지명도 많이 달랐다. 이순신은 초임지인 동구비보의 권관으로 아산-한양-안변-원산-함흥-동구비보의 행로를 걸었다.

정확한 행로는 기록이 없다. 도보인지 말을 이용했는지도 모른다. 전임자와 후임자가 누구인지, 부대의 규모나 시설에 대해서도 알지 못한다.

분명한 것은 국경 근무도 힘들고 위험했지만, 부임은 물론 퇴임하는 과정도 그 모두가 고난의 길이었다는 것이다. 이후 조산보, 건원보, 녹둔도 근무도 마찬가지였다.

우리는 누구나 이순신을 수군 명장으로 기억한다. 그러나 이순신은 23년 공직 생활 중 3년간의 부친상과 7년간의 수군 근무를 뺀 13년 육상 근무 동안 하급 직위에서 고된 과정을 보냈다. 7년간의 수상 근무 또한 승리의 영광 뒤에는 병참 지원의 부족과 조정의 당쟁 불똥으로 고난의 연속이었다.

결국 이순신의 일생은 짧은 유소년기를 빼고는 고난으로 시작해 고난으로 끝난 생이었다.

역사의 왜곡

1543년 8월 25일.

일본 가고시마현의 타네가시마에 한 척의 대형 중국 상선이 표착했다. 마카오를 떠나 닝보로 가려던 이 배는 태풍을 만나 크게 파손되었으나, 다행히 침몰을 면하고 백여 명 선원도 무사히 구출되었다.

문제는 선체의 파손이 커서 이를 수리하는 데 다섯 달이나 걸렸다는 것이다. 그동안 선원들은 발이 묶여 꼼짝없이 섬사람들의 신세를 질 수밖에 없었다.

기록에 의하면, 이때 도주 도키다카는 동승했던 포르투갈 선장으로부터 '거금을 주고' 화승총 두 정을 샀다.

아무리 총이 귀한 물건이라 하더라도 포르투갈 선장은 자기네 선원 백여 명을 반년 가까이 보살펴주고 배를 고쳐준 은인들에게 비싼 돈을 요구했고, 일본은 거금을 지불했다고 한다.

과연 사실일까?

1593년 7월 7일.
제2차 진주성전투(1593. 6. 21~6. 29)에서 승리한 일본군은 성안의 민·군 6만 명을 모조리 죽이고, 일주일에 걸쳐 시체 처리를 마친 후 이날 저녁 촉석루에서 전승 파티를 열었다.

전투 당시 성 밖에 있었던 주논개는 진주성 방어 사령관으로 전사한 남편 최경회의 원수를 갚기 위해 이 파티에 위장해 끼어들었다.

적군의 괴수가 어느 놈인가?

살피던 주논개는 장군 하나를 유인해 마침 장마로 불어난 남강에 투신, 동반 익사했다.

이때 익사한 왜군은 대장 가토 기요마사가 아니라 그의 부장이었던 게야무라 로쿠스케였다. 잘못 짚었던 것이다.

어쨌든, 둘은 같이 죽었다.

게야무라의 고향은 사가현 기타큐슈. 오늘날 게야무라의 무덤 옆에는 주논개의 기념비가 서 있다.

"일본의 젊고 용감한 장수를 흠모하였으나, 이루지 못할 사랑 때문에 동반자살한 조선 여성 주논개"의 비.

과연 사실일까?

논개는 왜장을 사랑했을까?

역사의 왜곡이란 붓 놀리기 놀음이고, 이는 오로지 승자(또는 강자)의 마음먹기 나름일 뿐이다.

영웅의 어머니

 1580년 4월.
이순신은 종4품인 발포(고흥) 만호였다. 이 해에 둘째 형 요신이 세상을 떠났다. 1583년에는 건원보 군관으로 여진족과 싸우던 중 부친상을 당했다. 이때에는 귀향하여 3년상을 치렀다. 그런데 이 해엔 화재로 인해 온 집안의 재산이 잿더미로 화하는 불행마저 겹쳤다.

1587년 이순신은 조산보 만호(종4품)로, 녹둔도 둔전관을 겸직하고 있었다. 이 해에 큰형 희신이 세상을 떠났다. 이리하여 이순신은 생을 마치는 1598년까지 어머니는 물론 여러 조카들까지 돌보지 않으면 안 되었다.

그런데 시각을 바꾸어 이순신의 어머니 입장은 어땠을까?

둘째아들 잃고 3년 후 남편을 잃고, 화재를 당해 재산을

몽땅 날렸으며, 4년 후엔 장남까지 잃은 어머니. 남은 건 삼도수군통제사로 왜적과 싸우기 위해 멀리 떠나 있는 셋째 아들 순신과 열 명의 어린 손주들.

아들이 전투에서 연승을 올리고는 있으나 언제 패사할지는 전혀 알 수 없었다. 그 불안과 초조는 단 일각도 내려놓을 수 없었을 것이다. 팔순을 바라보는 노인으로 그 모든 재액을 한 몸으로 어찌 감당하란 말인가?

1594년 1월 11일.
아들은 어렵사리 여수에 내려와 계신 어머니를 찾는다. 기력은 약하고 숨은 금세라도 끊어질 듯한 어머니.
이날 밤 아들은 어머니를 모시고 같이 잠드는 행복을 누린다. 그리고 이튿날은 사정없는 이별의 날.
아침식사 후 아들은 어머니께 하직 인사를 고한다.
어머니의 답변은 단 한마디.

"잘 가거라.
부디 나라의 치욕을 크게 씻어야 하느니라."

사랑한다느니, 몸조심하라느니 하는 게 아니고, "나라의 치욕을 크게 씻으라"는 말씀 한마디.

조선의 영웅은 이런 어머니의 아들이었다.

가문을 기울인 충성 1

나라를 지키는 데 일생을 바친 이순신의 공이 태양처럼 크다보니 함께 싸우다 목숨 바친 주변의 인물들이 별처럼 작아 보이나, 그 많은 별들 하나하나도 실제는 모두 큰 별들이다.

그중에서 이순신의 친인척들만 살펴보아도 예사롭지 않다.

맏아들 회와 둘째 열은 이순신의 지근거리에서 당번병과 연락병 역할을 충실히 수행했다. 셋째 면은 정유재란 때 아산 본가에서 왜군과 싸우다가 16세의 나이로 전사했다. 그의 서자인 훈은 인조 2년 이괄의 난 때 전사했고, 둘째 서자인 신은 정묘호란 중에 청군과 맞서 싸우다 전사했다.

이순신의 조카(큰형 희신의 둘째아들) 분은 순신의 막하에 종군하면서 문서 관리와 명나라 장수 접대를 담당했다.

정유재란 후에는 이순신 행장을 기록해 오늘날 우리가 이순신의 행적을 알게 만들었다.

또 다른 조카(희신의 넷째아들) 완은 19세 때부터 이순신의 막하에 종군하면서 노량해전 때 숙부의 최후를 지키고 독전했으며, 충청병사를 거쳐 의주부윤 재임 중 정묘호란을 맞아 청태종 군과 싸우다 전사했다.

이순신 이후에도 덕수 이씨 가문은 302년간 삼도수군통제사 208명 중 12명을 배출해 이 충무공의 유업을 이어갔다.

혼자서도 가상하거늘, 이토록 온 가문이 대대로 나라에 충성한 집안이 얼마나 될까?

가문을 기울인 충성 2

앞서 이순신과 본가의 가문을 기울인 충절을 살펴보았다. 그 충절은 본가에 그치지 않는다. 처가와 외가 또한 못지않게 가문을 기울여 나라에 충절을 바쳤다.

먼저 보성군수 방진의 딸, 이순신의 부인인 방씨는 성품이 담대하고 올바른 사람으로 시어머니 변씨와 남편, 자식과 많은 조카들을 정성껏 두루 챙겼다. 이순신이 무과에 급제하고 많은 식솔을 거느리는 어려움을 이겨내는 데 결정적인 내조를 했다.

1592년 7월 8일.
이순신이 한산도에서 왜 수군을 대파하던 바로 그날, 또 하나의 큰 전투가 육지에서 벌어졌으니 바로 이치(배티재) 전투다.

히데요시로부터 전라도 점령을 명받은 고바야카와 다카카게는 진주를 통한 전라도 점령 작전이 곽재우에 의해 좌절되자 북쪽으로 우회하여 금산에서 이치고개를 넘어 전주를 점령하려고 했다.

그러나 이곳을 지키던 도원수 권율은 관군과 의병 연합 작전으로 고바야카와의 2만 병력을 격파하였으니, 이는 임진왜란 육지전투 중 최초의 군단급 전투 승리였다. 이로써 조선은 곡창지대인 호남을 지킬 수 있었고, 결국엔 임진왜란의 전세를 역전시킬 수 있는 계기가 되었다.

그런데 이때, 이 전투에 참전해 혁혁한 공을 세운 것이 이순신의 외가인 초계 변씨 가문의 여섯 용사다.

변국간, 변덕황, 변홍건, 변홍극, 변홍량, 변홍달.

이들의 장한 순절 기록은 오늘까지 대둔산 도립공원의 도원수 권율 대첩비에 남아 있다. 이 외에도 외손 이순신을 돕자며 출병, 순국한 초계 변씨의 후손은 수백 명에 이른다.

아빠 찬스 엄마 찬스를 이용해 내 한 몸 출셋길 찾기에 바쁜 오늘의 젊은이들에게 온 가문을 기울여 나라 위해 목숨 바친 저들의 충절을 무엇으로 설명해야 할까?

역사의 아이러니

명량해전에서 13척의 미니 함대로 왜군의 대함대를 격파할 수 있었던 것은 칠천량해전에서 경상우수사 배설이 12척의 배를 이끌고 회령포까지 도주했기에 가능했다.

그럼 왜 해전의 무대가 명량이었을까? 회령포나 이진에서 싸울 수도 있었고, 벽파진에서도 싸울 수 있었을 텐데.

시간을 거슬러 1596년 8월.

이때는 명나라와 일본 사이에 강화협상이 진행돼 전투가 소강상태였다.

이순신은 어머니를 뵙기 위해 도체찰사 이원익에게 짧은 휴가 신청을 냈다. 그런데 때마침 도체찰사의 업무순찰계획 통지서가 도착했다. 이순신은 휴가를 포기하고 체찰사의 업무 순찰을 수행키로 했다.

이때 이순신은 처음으로 자기 관할 구역 중 미답지였던 전라우수영을 순회 검열할 수 있었다. 울돌목의 전략적 요충지를 뇌리에 새기게 되었던 것이다.

평소 이순신을 끔찍이도 아끼고 사랑했던 이원익. 그가 모처럼 이순신 휴가 신청을 받아들였다면 이순신의 전라우수영 순회 검열은 없었을 것이며, 명량해전의 작전구상도 없었을 것이다.

이 또한 명량해전의 또 하나의 아이러니가 아닐까?

십만 양병(?)

    임진왜란 당시 히데요시가 조선에 파병한 도해군의 총수는 158,800인이었고, 정유재란 당시에는 141,000명이었다. 물론 도해군의 뒤에는 병력손실을 보충하고 교대할 예비군이 그만큼 대기하고 있었으므로 총 동원규모는 도해군의 두 배 정도였다.

    그럼 이 병력동원 방식은?

    중앙정부군이 없던 당시, 히데요시는 각 지방의 다이묘(영주)들로부터 병력을 징발하였는데, 각자의 충성도와 전장과의 이동거리 등 여러 요소들 중에서도 군량미 조달 능력을 가장 중요하게 보았다.

    일본의 인접국과의 단기전에서는 최대 병력을 가장 집중적으로 투입하는 것이 전투의 요체이지만, 해를 넘기는 장기전에서는 농사를 지을 수 없는 겨울철에도 군량미를 시속적으로 공급할 수 있는 능력이 승패의 결정적 요소가 되기 때문이다.

왜란 당시 일반적인 기준은 병력 1,000명 유지에 연간 40,000석의 군량미가 필요했다고 한다. 이 기준은 일본뿐만 아니라 조선이나 중국도 똑같이 적용된다.

전쟁기간 조선과 명나라 사이의 가장 첨예한 문제가 바로 이것이었다. 왜군을 격퇴하고 재침을 막기 위해서는 몇만 명의 군사를 조선에 주둔시켜야 할 것인가?

조선의 입장에선 다다익선이긴 하나, 군량보급의 어려움 때문에 대군의 주둔을 받아들일 수 없는 것이 딜레마였다. 그래서 조선의 조정은 한없이 고뇌했다.

당시 조선 조정의 연간 세수는 겨우 60만 석이었다. 앞서 얘기한 40,000석/1,000명 공식을 적용한다면, 조선의 상비군 유지 능력은 겨우 15,000명이라는 답이 나온다.

외침을 효과적으로 방어하기 위해 10만 병력이 필요하다고 보면, 소요 군량미는 4백만 석!

중국 강남이나 일본 규슈 지방에선 3모작도 가능하지만 남부지방에서나 겨우 1모작을 하던 조선의 입장에서는 한 마디로 꿈의 수치일 뿐!

군량미 확보 대책도 없이 10만 양병설만 주장한다고 자주국방이 달성될까?

조선 최고의 천재 이율곡이 자기가 하지도 않은 말로써 구설수에 오르는 것이 대체 무슨 영문인지 모르겠다.

왕명거역죄(?)

1597년 2월, 이순신은 임금을 모독하고 전과를 허위보고하고 왕명을 거역했다는 죄목으로 체포되어 한양으로 압송되었다. 이때의 왕명이란 "바다를 건너오는 가토 기요마사의 침략군을 남해에서 막아 쳐부수라"는 것이었는데, 이순신이 출전을 거부했다는 것이다.

우선, 실체적 진실을 따져보도록 하자.

1. 선조는 가토의 도해 정보를 어떻게 입수하였을까?

이 정보의 출처는 고니시 유키나가의 부하 요시라였다. 즉 적군으로부터 제공된 첩보였다.

2. 도해일자는 명기되어 있었는가?

명기되어 있지 않았다.

3. 왜?

부대이동은 원래 군사비밀이다. 가토가 고니시의 부하도 아니며(따라서 출정일정을 보고 또는 통보할 의무가 없음), 출정일자도 바다의 기상 상황에 따라 바뀔 수 있다. 따라서 요시라의 첩보 자체가 신빙성이 있다고 보기는 어렵다.

반대로 그 첩보가 진짜였을 경우, 가토가 이순신의 공격으로 피해를 당했다고 하면, 고니시와 요시라는 반역죄로 멸문지화를 면할 수 없었을 것이다.

4. 왕명 거역의 경과는?

요시라의 첩보가 경상우병사 김명원을 통해 선조에게 보고되고, 출정 명령이 권율을 통해 이순신에게 도달하는 데에는 약 15일이 소요되었다(그 사이에 실제 가토는 조선에 상륙했다).

만일 가토의 상륙 이전에 이순신이 출정 명령을 받았다면 그가 취할 조치는?

첫째, 이순신의 함대 130여 척 중 통제영 수비대를 뺀 가용 함선은 최대 100척이나, 가토의 함대는 훨씬 더 클 것으로 예상되고,

둘째, 그의 상륙지점이 부산일지, 울산이나 김해일지 예

측할 수 없어 함대 배치가 어려우며,

셋째, 적군의 유인책에 빠져 앞뒤로 적의 포위망에 갇힐 우려가 크다.

이러한 이유로 출정불가 장계를 올렸을 수도 있다.

평소 이순신은 임금의 교지(행정명령)나 유지(군사명령)를 받았을 때 즉시 수령 사실과 내용을 빠짐없이 보고하곤 했다. 그러나 이 경우에는 그렇게 할 여유조차 없었고, 영문도 모른 채 체포, 압송, 수감되었다.

한마디로 이때의 체포, 수감 과정은 죄가 있어 벌을 받았다기보다, 벌을 주려고 죄를 만든 형국이었다. 그리고 그 근저에는 동인과 서인간의 파쟁의 골이 있었기 때문이었다.

유난히도 심했던 조선의 파쟁!

수백 년이 지난 지금에도 그 적폐는 사라지지 않고 오늘도 면면히 이어지고 있다.

선위전술(잠수함 전법)

임란 발발 두 달 만에 한양에서 의주까지 몽진한 선조의 심경은 착잡하고 다급했다.

근대국가가 형성되기 이전의 중세 왕조국가 시대, 국가체제에 대한 개념 자체가 지금과는 판이할 수밖에 없었던 시대, 이는 왕이나 백성이나 마찬가지였다.

왕은 오로지 왕조 유지가 지상과제로, 국가수호 의지, 즉 국민과 국토를 유지한다는 개념이 없었다. 백성들도 평화 시에는 실컷 착취하다가 전쟁 시에는 혼자 도망가는 왕을 더 이상 떠받들 이유가 없었다.

몽진 개시와 함께 궁궐은 적군 아닌 백성들에 의해 먼저 불타버렸다. 선조들의 능은 적군에 의해 파헤쳐졌고, 왕으로서는 더욱 미련이 없었을 것이다.

아마도 왕은 이때 패망한 월남왕조를 생각한 듯하다. 월남 왕이 나라를 잃고 중국에 망명을 왔을 때 중국이 도와 왕조를 회복시켜준 전례가 있기 때문이다.

그러나 선조의 경우는 달랐다. 명의 만력제는 선조의 망명을 거절했고, 망명을 강행해도 100명 이하의 권속만 거느리고서 여진 국경의 버려진 성에 들어가도록 했다.

절망에 빠진 선조, 그때 청천벽력처럼 들려온 이순신의 승전보와 고니시 유키나가의 추격 정지, 그리고 천병(명나라 군사)의 조선 파병 소식.

지옥문 바로 앞에서 다시 빛을 찾은 선조. 그는 잃었던 나라를 되찾는 영광스런 역사의 주인공을 연출해야 한다고 생각했다.

문제는 온 천하 백성들 앞에서 이미 보여준 도망자의 비루한 이미지. 이 꼴불견의 이미지 개선 없이는 절대로 상황 전환의 주인공이 될 수 없는 것.

치국평천하의 큰 재주는 몰라도 난세의 파도타기 잔재주엔 능한 임금.

그는 과감하게 전쟁발발의 모든 책임을 스스로 짊어지고 왕좌에서 하야할 것임을 선포했다. 이후의 전개는 선조의 예측대로 일사천리.

신하들은 여야 없이 이 난국에 선위는 불가함을 아뢰었고, 왕은 몇 차례 사양 후 어쩔 수 없이 선위 취소!

뼛속까지 철저한 유교국가에서 말로 하는 왕의 선위를 어느 신하들이 받아들일까. 이를 체험한 임금은 죽음으로써 진짜 선위할 때까지 자그마치 스무 번이나 선위파동을 일으켰다.

당시 선위의 대상은 세자 광해군이었다. 그러나 광해군은 장자가 아니라는 이유로 명나라의 인준을 받지 못했다(명나라도 당시 같은 문제를 안고 있었다). 그래서 선조는 더욱 마음 놓고 '선위 쇼'를 할 수 있었다.

해상을 항진하다가 여차하면 수중으로 들어가는 잠수함처럼 난국에 책임질 일이 생기면 선위 카드를 던지고서 수면 아래로 빠져버리는, 신하들에 의해 재추대되고 책임규명은 유야무야되는 편리한 카드.

선조 재위 41년 중 임진왜란 이후의 16년은 이처럼 선위 소동으로 해가 뜨고 지는 세월이었다.

차별의 역사

 조선 왕 27명의 평균수명은 37세였다. 그들의 재위기간은 1년도 안 되는 임금(12대 인종)부터 장장 52년을 재위한 임금(21대 영조)까지 평균 19년이다.

그중에는 무자녀인 임금(단종, 인종, 경종)도 있으나 다자녀인 경우가 더 많다.

태종(3대)은 56년 생애에 12남 17녀(29명)의 자녀를 두었다. 성종(9대)은 38년 생애에 16남 12녀(28명)의 자녀를 두었는데, 무척 바쁘게 사신 것 같다.

선조(14대)는 57년 생애에 14남 11녀(25명), 정종(2대)은 63년 생애에 15남 8녀(23명), 세종(4대)은 54년 생애에 18남 4녀(22명), 중종(11대)은 57년 생애에 9남 12녀(21명)를 두었다.

27명 임금들의 총 자녀는 140남 108녀로 248명. 1인당 평균 9명이다. 다만 남녀 성비가 140:108로 다소 비정상이나, 표본의 크기가 크지 않고 누락된 숫자가 많아 더 세밀한 분석은 불가하다.

예를 들어 태종은 양녕대군위로 3명의 아들이 있었으나 너무 일찍 요절해 족보에 오르지도 못했고, 세종도 요절한 딸들이 있었다. 다른 왕들의 경우, 아예 거론조차 되지 않은 유아 사망이 얼마인지 모른다. 유아뿐 아니라 산모도 왕비와 후궁을 가리지 않고 사정없이 죽어나가곤 했다.

의료 수준의 낙후로 인한 사망률은 그렇다 치고, 또 하나의 문제는 적서(適庶)의 차별이었다.

선조는 임진왜란의 와중에서 분조(分朝)를 맡아 훌륭히 직무를 수행한 세자 광해군이 있었으나 굳이 적자를 보려는 욕심으로 61세에 인목왕후(19세)를 맞아들였다. 이때 세자는 28세였다.

세자로서는 9세 연하의 어머니, 세자빈으로서는 8세 연하의 시어머니를 모셔야 하는 입장이었다. 게다가 시도 때도 없이 선위 소동을 벌이는 부왕으로 인해 세자가 받아야 하는 스트레스란 엄청났다.

선조는 기어코 적자 영창대군을 보았다. 그가 성인(20세)이 될 때까지 살았더라면 서자를 폐하고 직자로 왕위를 이을 수도 있었으련만, 왕권으로도 천수는 어쩔 수 없다보니 결국엔 영창도 비명에 죽고 광해도 폐주가 되는 비극을 맞았다.

　흑백의 차별, 남녀의 차별, 종교의 차별, 적서의 차별….
인류의 역사는 차별의 혈서로 쓰인 역사인 듯하다.

신의 가호

임진왜란 초기 조선 육군은 일본 육군에 연전연패했다. 가장 큰 요인은 일본군의 화승총이었다. 전국시대의 오랜 전투로 단련된 그들의 칼싸움 실력도 조선군에 비해 월등했지만, 사정거리가 활보다 길고 살상력이 큰 총 앞에 조선군의 방어선은 힘없이 무너질 수밖에 없었다.

하지만 그게 전부였을까?

시간이 지나며 각지에서 의병이 일어나면서 조선도 해유령전투를 비롯해 소규모 전투에서 여러 차례 승리를 거두었다. 그러나 중·소대급 전투에서 아무리 이겨봤자 대세를 바꾸지는 못한다. 말하자면, 군단급 사단급 전투에서 이기지 못하면 전황을 돌려놓기가 어렵다는 얘기다.

이런 관점에서 조선의 국방태세는 근본적으로 승리할 수 없는 체제였다. 군통수권자인 임금은 자력으로 침략군을 방어하려는 정신자세가 전혀 되어 있지 않았고, 망명이 거절되자 오로지 천병(명나라 군사)이 도와주기만을 기대하는 상황이었다. 군정의 최고책임자인 도체찰사와 체찰사들은 모두 문관으로, 전략 개념이 극히 희박했다. 최고 군령권자인 도원수가 있었으나 평화 시 없던 지휘통솔 체계가 전시에 갑자기 이루어질 수도 없는 일이었다.

일본은 최고권력자(도요토미 히데요시)가 직접 전략전술 지시를 내리고 있었다. 하지만 조선은 누구도 적군의 위치정보와 이동정보를 종합적으로 파악하는 사람이 없었고, 겨우 피해 상황을 사후에 파악해 조정에 보고하는 수준이었다.

한마디로 신무기와 훈련의 차이도 컸지만 군의 조직과 지휘통솔 체계, 사기 등 모든 면에서 전투태세가 미비했다.

다행히 수군은 육군과는 정반대로 싸우는 군대의 틀을 잘 유지하고 있었다. 각 도 수군절도사가 계급상으로는 모두 동급이었으나 주력인 경상 좌우 수군이 개전 초에 박살이 나는 바람에 자연스레 이순신이 실질적인 지휘권을 행사했고, 개전 1년 후엔 정식으로 삼도수군통제사가 되어 일사분란하게 지휘통제를 할 수 있었다. 조정에서 왕이나 도원수가 해전에 불필요한 간여를 하지 않아서(도움도 거의 없었지만) 이순신이 그 역량을 최대한으로 발휘할 수 있었다.

  육군과 수군이 분리되지 않아 임의로 순환보직을 하던 당시, 1년간의 발포 만호 기간을 빼면 십여 년을 경원에서부터 북청, 한양, 해미, 전주, 정읍까지 육지 근무만 하던 이순신이 임진왜란에 절묘하게 때맞추어 전라좌수사 직을 맡아 왜 수군을 격파하고 이 나라를 구한 것은 참으로 신의 가호라 하지 않을 수 없다.

절이도해전

이순신이 치렀던 수많은 전투 중에 묘하게도 잊혀진 전투가 있으니 바로 '절이도해전'이다.

이순신의 난중일기는 군데군데 빠지거나 망실된 부분이 있다. 바로 1598년 중순의 일기가 망실되어 있는데, 〈충무공 이순신 전서〉에도 빠져 있다. 그 기록이 다행히도 〈선조수정실록〉에 남아 있다.

때는 1598년 7월.

조선과 명나라 연합군이 왜군을 몰아내기 위해 '사로병진'을 시작하던 시기이다. 마귀 사령관과 김응서 부사령관이 이끄는 동로군이 울산의 가토 기요마사를, 동일원 사령관과 정기룡 부사령관이 이끄는 중로군이 사천의 시마즈 요시히로를, 유정 사령관과 권율 부사령관이 이끄는 서로군이 순천의 고니시 유키나가를 공격하고, 진린 사령관과 이순신 부사령관이 해로로 순천을 협공하는 전면전이었다.

진린이 이끄는 명나라 수군이 당시의 조선 수군 통제영이었던 고금도에 도착한 것은 7월 16일.

명량해전 이후 서해의 고군산군도까지 북상했다가 내려오면서 목포 앞바다의 고하도를 거쳐 고금도에 통제영을 설치, 전력을 회복한 지도 어언 10개월. 어느새 한산도 통제영 시대를 능가할 정도의 막강한 함대를 거느리게 된 이순신에게 진린 함대의 합류는 큰 힘이 되었지만 전시작전권 제한으로 인해 신출귀몰의 전술을 펴는 데 큰 짐이 되는 것도 사실이었다.

진린 함대 도착 이틀 후에 왜군 함대 100여 척이 금당도로 침입했다. 금당도는 고금도와 절이도(현재의 거금도) 사이의 작은 섬이다.

7월 19일 새벽, 왜 함대와 마주친 이순신 함대는 맹렬한 함포 사격으로 적함 50여 척을 불태우고, 나머지 함대에도 큰 피해를 주어 패퇴시켰다.

이때 진린은 구경하다시피하다가 자기 부하들의 졸전을 보고 화를 냈다. 그러자 이순신이 왜적의 수급 40개를 주어 날랬고, 이때부터 신린의 태도가 달라지시 시작했다.

진린을 복속시킨 것은 큰 수확이었다. 그런데 이보다 더 큰 소득은 명량해전 때까지 위축되었던 제해권 영역을 고흥반도까지 확대함으로써 순천만과 남해도 서쪽의 광양만을 장악할 수 있는 교두보를 확보했다는 것이다.

결국 이순신은 명나라 수군과 연합작전을 전개해 고니시의 거점인 순천왜성 공격에 나서고, 이어 노량해전에서 왜군에게 칠천량 패전의 통렬한 복수를 한다.

절이도해전.
그 승전의 끄트머리에서 이순신은 목숨을 잃는다. 하지만 그 이후 남해 일대에는 왜적도 왜구도 얼씬하지 못했다. 그리고 동양 최고 이순신 함대의 위명은 삼백년간 지속되었다.

간첩을 속이는 것이 영웅?

남해안 지역을 다니다보면 임진왜란 때 공을 세운 무명의 여성 이야기들이 간혹 들려온다. 그중 하나는 당항포해전 승리의 막후 영웅, 기생 '월이'이다.

그녀는 1591년 늦가을, 자기 주막을 찾아온 나그네가 조선말에 능한 왜의 간첩임을 알아채고 그에게 술을 잔뜩 먹여 곯아떨어지게 한 후, 그가 감추고 있던 남해안 지도의 당항포 일대 해역을 변조해 훗날 이 지도를 믿고 당항만 깊숙이 들어온 왜군이 이순신에게 전멸당하게 만들었다고 한다.

이후 이 고장에서는 기생 월이의 추모행사를 엄수하며 오늘날까지 이어지고 있다.

또 하나의 영웅은 '어란'이라는 여인이다.

그녀는 정유재란 때 어란진에 주둔하던 왜장 간 마사카

게로부터 왜군의 출병 예정일을 알아내 이순신에게 알려주어 이순신이 명량해전에서 승리할 수 있도록 도왔다. 그러나 나라를 구하기는 했지만 연인의 전사를 비관하며 바다에 투신자살했다고 한다.

이 외에도 다른 왜 간첩의 남해 관음포 해도를 변조하여 노량해전에서 이순신의 대승을 유도한 여인의 이야기가 전해온다.

어란의 이야기는 일제강점기 해남에 근무했던 어느 일본인 순사의 유고집에 실린 이야기이다. 그런데 사실과는 거리가 멀다.

이순신이 명량해전을 앞두고 작전상 후퇴를 하는 과정에서 1597년 8월 24일부터 27일까지 4일간 어란진에 머문 적은 있다. 하지만 왜장의 주둔이며, 왜장과 조선 여인의 사랑 운운하는 것은 물리적으로도 역사적으로도 어불성설이다.

월이와 남해 관음포 여인의 이야기도 살벌한 7년전쟁 와중에서 여성의 역할을 부각시켜 스토리텔링 효과는 거둘 수 있을지 모르나 상식적으로 수긍하기 어렵다.

조선 기생들이 왜 간첩의 지도를 독해하여 이를 변조할

정도의 한문, 일문 실력을 구비하였을까 하는 것도 의문이며, 수개월 또는 수년 후에 일어날지 어떨지도 모르는 해전 장소를 족집게처럼 예측하고서 위험한 변조 작업을 했다는 것도 신빙성이 없다.

무엇보다도 상식인이라면 왜 간첩을 신고하여 체포하는 것이 급선무이지, 성공 여부가 극히 애매한 속임수를 쓰며 살려 보내는 것이 과연 옳은 판단일까?

더욱이 이런 추모 행사를 통해 우리 후손들에게 '간첩을 신고하지 않고 속여서 살려 보내는 것이 더 훌륭하다'는 비뚤어진 국가관을 심어준다면 더욱 한심한 일 아니겠는가?

일본을 다녀온 후

조선통신사 일행이 일본의 거듭된 요청과 그들의 국내 사정을 알아보기 위해 일본으로 떠난 것은 1590년 3월, 돌아온 것은 1591년 3월이었다.

당시 사절단 정사는 황윤길(서인), 부사는 김성일(동인)이었고, 서장관은 허성(동인)이었다. 황윤길은 일본의 침략 가능성이 "있다"고 보고했고, 김성일은 "없다"고 했다. 같은 동인인 허성은 "있다"고 했다.

드디어 전쟁은 일어나고 말았다.

1592년 4월 11일, 전쟁 발발 이틀 전에 김성일은 경상우병사에 임명되었다. 조정은 아무래도 전운이 감도는 시국에 왜적의 상륙 가능성이 있는 경상도가 걱정이었던 것이다.

그러나 그는 부임 도중에 한양으로 압송되어 의금부에서 국문을 받는다. 작년의 허위보고 내지 부실보고의 책임

때문이었다.

하지만 전황은 예상 외로 심각했다. 류성용은 선조에게 문책을 일단 보류하고 김성일이 공을 세워 죄를 씻을 수 있는 기회를 줄 것을 간청했다. 선조는 이를 받아들였다. 김성일은 경상우도 초유사라는 임시 직책을 부여받고 군사 모집과 의병 독려 활동에 매진한다.

임진왜란 때 의병활동은 경상우도 지역이 가장 활발했다. 김성일이 초유사가 되기 전에 의병을 일으킨 곽재우를 제외하면 정인홍, 김면 등 남명 조식의 제자들이 다수였는데, 김성일이 퇴계 이황의 제자이긴 하나 남명이나 퇴계나 그 가르침의 큰 줄기는 같았으므로 김성일의 영향력을 인정하지 않을 수 없다.

김성일은 1592년 9월 경상우감사로 임명되었다. 당시 진주 목사이던 이경이 파직되자 판관이었던 김시민을 목사로 임명해 진주성을 지키도록 한 것도 그이다.

진주대첩의 전투 주인공은 김시민과 곽재우, 최경회 등 관군과 의병들이었다. 그러나 그 배후의 공로자는 김성일이며, 그 배경에는 이들에게 정의와 충성을 가르친 남명, 퇴계 등이 있다는 사실을 기억해야 한다.

일본을 함께 다녀왔던 3명의 통신사 동창생.

그중 황윤길은 함경도에 귀양 갔다가 임해군과 순화군의 소재지를 가토 기요마사에게 알려줘 포로로 붙잡히게 했다. 허성은 강원도에서 모병활동을 했으나 임란 당시에는 별다른 공적이 없다.

김성일은 귀국보고에서 큰 실수를 했다. 그러나 2년 후 병사할 때까지(슬프다! 그가 살았더라면 2차 진주성전투의 패배는 막았을 수도 있었을 텐데…) 진충보국하였으니, 인간의 업적 평가는 일생의 공과를 총량적으로 살펴서 해야 할 것이다.

종계변무(宗系辨誣)

조선 역사상 처음으로 서자로서 왕위에 오른 선조는 자기 출신에 대한 열등감이 컸다. 이를 만회하기 위해, 경연에서 신하들에게 눌리지 않기 위해 공부도 열심히 했다. 그리하여 유학 실력 면에서는 신하들에게 눌리지 않을만한 실력을 갖추었다. 하지만 당시 관습상 적자와 서자의 신분이 하늘과 땅 차이여서 근본적인 해결책은 없었다.

그러던 중 이 모든 것을 뒤엎는 대반전이 일어났으니, 바로 종계변무였다.

발단은 본래 조선의 종계가 명나라의 법전인 대명회전에 "고려 배신 이인임의 아들 성계가 고려 말 공민왕, 우왕, 창왕, 공양왕을 죽이고 집권한 역적이며 패륜아"라고 잘못 기록된 데서 시작된다.

신왕조를 개국한 조선으로서는 왕권의 합법성을 인정받기 위해 이 잘못된 기록을 정정하려고 갖은 노력을 다했다. 그러나 무려 200년 가까이 지지부진했고, 1584년에 이르러서야 결실을 보았다.

1589년 11월, 성절사 윤근수가 대명회전 전질과 칙서를 받아 돌아왔을 때 선조는 친히 홍화문에 나아가 맞이했다. 종묘에 제사를 지내고, 사형수 이하의 죄수를 사면하며 공로가 많은 신하들을 포상했다.

200년 가까이 13명의 적자 선왕들이 이루지 못한 숙업을 방계인 서손 선조가 해결했으니, 그의 자랑스러움을 어찌 말로 표현하랴!

임란 발발 2년 전인 1590년, 선조는 종계변무의 공로자 19명을 광국공신으로 포상했는데 그중 윤근수가 1등, 윤두수가 2등 공신이었다.

임진왜란 때 형 윤두수는 영의정까지 오르고, 윤근수는 예조판서로 기용되었으며, 임란 후 논공행상에서는 피난 가는 선조를 호종한 공로로 각각 호성공신 2등에도 봉해졌다.

이런 상황에서 두 사람은 언제나 선조에게 자기들 친족인 원균을 두둔하고 이순신을 비난하였으니, 외방을 떠돌며 왕을 대면할 기회도 없는 무관 이순신의 입장이 불리한 것은 너무나 빤한 일이지 않은가?

　이순신의 하옥과 백의종군의 뿌리는 이미 오래전부터 한양 권부에서 싹트고 있었던 것이다.

이치(배티재)전투

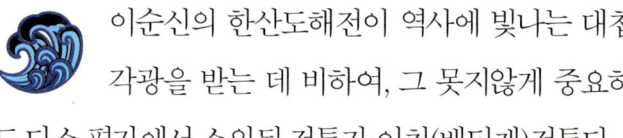 이순신의 한산도해전이 역사에 빛나는 대첩으로 각광을 받는 데 비하여, 그 못지않게 중요하면서도 다소 평가에서 소외된 전투가 이치(배티재)전투다.

일본의 조선 침략 그 최고의 목표는 한양을 점령해 조선의 왕을 체포하는 것이었다. 그런데 항구적인 점령정책을 펼치는 데 있어 가장 중요한 전략목표는 전라도였다. 조선의 곡창인 전라도 점령 없이는 전선 확대도, 점령 행정도 사실상 불가능하기 때문이었다. 그러기에 히데요시는 전라도 방면의 공격대장으로 여러 다이묘 중에서도 가장 고참이면서 자타가 공인하는 명장 고바야카와 다카카게를 임명했다.

그러나 고바야카와 다카카게의 1차 전라도 진공은 의병장 곽재우에 의해 의령에서 저지되었다. 이에 그는 공격 진로를 바꿔 금산 일대에서 전주를 공격하는 우회로를 택했다.

이 작전이 성공하면 왜군은 곡창지대를 확보해 현지 병참이 가능해진다. 게다가 전라좌·우수영의 보급로를 끊어 조선 수군을 고사시킬 수도 있다.

왜군 상륙 후 3개월 동안 일방적으로 밀리던 조선 육군은 이때에 이르러 제대로 반격을 가하기 시작했다. 의병장 고경명이 이끄는 7,000 의병, 조헌의 700 의병, 영규대사의 800 승병이 고바야카와에 의해 금산 등지에서 전멸했지만 전략적 요충인 이치와 곰치(곰티재)에서 조선군은 왜군을 막아냈다. 비록 웅치에서는 김제군수 정담이 패했지만 왜군에게 막대한 피해를 가해 진격을 저지했고, 이치에서는 전라순찰사 권율과 동복 현감 황진이 고바야카와를 제압했다.

1592년 7월 8일, 같은 날 육지와 바다(한산해전)에서 이룬 양대 대첩에 의해 전라도는 보전되었다. 이로써 조선과 일본의 전쟁은 역전의 기미를 보이기 시작했다.

어느 한쪽의 승리만으로는 이룰 수 없는 역전의 계기가 이로써 만들어졌으니, 권율의 이치전투와 이순신의 한산도대첩은 조선의 운명을 바꾼 신의 한 수라 하겠다.

실수와 허수

 임진왜란 발발 당시의 조선 인구에 대해서는 학설이 분분하다. 200만부터 1,000만에 이르기까지.

인구 수는 국력 측정의 가장 중요한 척도 중 하나다. 특히 전시에는 국방력의 주요한 바로미터가 된다.

요는 그 숫자의 신뢰도이다. 어떤 자료 또는 산출근거에서 나온 숫자인가.

1592년 임진왜란 발발 당시 가장 근접한 연도의 인구조사는 중종 때에 이루어졌다. 중종 26년(1531년)에 386만, 명종 2년(1547년)에 416만이다. 산술적 합리성으로 볼 때 1592년의 조선 인구는 잘해야 500만 전후로 추정된다. 오늘날 대한민국 인구의 대략 10분의 1 수준이다.

현재 국군의 규모는 대략 60만이다. 전체 인구의 1.2% 수준인데, 소득수준이 지금과는 비교도 할 수 없는 수준이었음을 감안하면 조선이 5만 병력을 상비군으로 유지하는 것은 도저히 불가능했을 것이다. 이율곡이 10만 병력 양성을 주창하였다는 설도 있으나 조선 최고의 천재인 그가 이런 비현실적인 주장을 했을 리 없다(실제로 했다면 그는 정신 나간 사람이고, 그걸 믿는다면 믿는 사람이 정신 나간 것이다).

이에 비해 일본은 당시 2,500만 인구였다고 한다. 히데요시가 동원한 군사가 예비군을 포함해 35만 정도였으니, 이는 전체 인구의 1.4%이니 납득할 수 있다.

1592년 6월 5일의 용인전투.

이 전투에서 전라도 순찰사 이광, 경상도 순찰사 김수, 충청도 순찰사 윤국형, 광주목사 권율 등이 이끄는 조선군 5~8만이 왜장 와키자카 야스하루의 1,600명 부대에 패퇴한다.

이 어이없는 패퇴는 각지의 근왕병이 조직적인 지휘체계를 갖출 시간도 없이 우루루 모였다가, 제대로 전투 역량을 발휘하기도 전에 무너졌기 때문인데, 과연 5~8만이라는 병력이 동원되었을까?

국내 동원의 경우 상부 보고를 위해 동원 실적을 부풀

리고, 해외 동원의 경우(가령 명나라의 경우) 세력을 과시하거나 군량을 확보하기 위해 동원 규모를 부풀리는 경우는 다반사였다. 이것이 모이다 보면 터무니없는 숫자가 되어 나온다.

실수와 허수를 가려내는 것.
단순히 보고되고 기록되는 숫자 뒤에 어떤 배경이 있는지는 실로 냉철한 상황판단이 있어야 한다.

전사? 자살?

최근 국외 문화재 재단이 일본으로부터 환수한 문화재 '대통력'이라는 달력이 화제다. 이 달력은 서기 1600년 즉 임진왜란이 끝난 직후의 달력으로, 이 달력의 여백에 서애 류성용이 육필로 쓴 역사 기록이 새삼 주목받고 있다.

류성용이 남긴 친필 메모 83자는 노량해전에서 이순신이 부장들의 만류에도 불구하고 최일선에서 직접 전투를 지휘하다 적의 총탄에 맞아 전사했다는 것이다(여해고전연구소 노승석 소장 해독).

이순신 함대의 전투진영은 중앙에 최고지휘관, 즉 이순신의 기함을 중심으로 전후좌우에 돌격장, 중위장 등 강력한 돌격부대와 함께 튼튼한 방어망으로 짜여져 있었다.

그런데 최후의 노량해전에서는 이 전투대형이 유지되시 않았다. 결과적으로 이순신의 기함은 최전방에서 공격하다가 최고사령관이 총탄을 맞아 전사하고 말았다는 것이다.

어찌된 영문일까?

우선 노량해전이 종전의 다른 해전과 차별되는 점을 짚어볼 필요가 있다.

첫째, 이 전투는 도요토미 히데요시의 죽음으로 인해 본국으로 철수하려는 왜군을 공격한 조선 수군의 마지막 해전이었다. 따라서 연합군인 명나라 수군은 굳이 목숨 걸고 싸우지 않고도 왜군 철수 후 본국에 전승보고를 할 수 있었다.

둘째, 명군과 달리 이순신의 조선 수군은 7년간의 왜군 만행을 응징하는 마지막 기회로, 배 한 척도 왜적 한 놈도 살려서 돌려보낼 수 없다는 비장한 결전의 무대였다.

셋째, 조·명연합군 300여 척과 왜군 500여 척이 총출동한 최후의 대결전이었다.

넷째, 드물게도 야간전투였고, 기습 공격이나 도피를 할 수 없는 총력전이었다. 희미한 달빛은 있었으나 어둠속에서 진행된 전투에서 양군의 전투대형은 모두 원형을 유지하기 어려웠을 것이다.

조·명연합군의 기록에 의하면, 명군 사령관 진린의 기함과 이순신의 기함이 모두 위기에 빠졌다가 서로의 도움으로 구출되었다 하는데, 이를 봐도 얼마나 큰 혼전이었는지 유추할 수 있다.

수세에 몰린 왜군 함대는 관음포를 통해 도망치려다가 바다가 막혀 되돌아 나오면서 단말마적인 공격을 감행했는데, 그야말로 전투는 눈감고 벌이는 육박전 상태에서 진행되었음을 쉽게 알 수 있다.

그렇다면 이순신의 기함은 어떤 상황이었을까?

평소의 영상 신호(깃발 또는 연에 의한), 음성 신호는 무용지물이었으리라. 그의 기함 또한 한 척의 전투함이었을 뿐. 이순신도 그 누구도 그날 밤의 전황을 실시간으로 파악하기는 어려웠을 것이다.

그 상황에서 이순신은 전사했다.

필연인가,
우연인가,
미필적 고의에 의한 자살인가?

자리에 누워 죽느니 전장에서 죽는 무인의 정신자세를 상정하면 자살의 가능성이 짙다. 전후의 혼탁한 정치정세를 내다보고 미리 선택한 죽음일 수도 있다.

그러나 평소 이순신의 책임감과 인품을 보면 자살할 위인이 아니다. 사망시점도 자살로 보기엔 너무 이른 감이 있다.

그 누구에게도, 심지어 본인에게도 물어볼 수 없는 상황이니 단정은 불가하다. 일단 판단을 유보해두자.

임진왜란 총론

임진왜란 7년간의 전쟁과 수많은 전투에 대해서는 많은 연구와 논의가 있었다. 당연히 있어야 하는 논의이고 논란이다. 그런데 또 하나 중요한 것은 그 동인(動因)이다.

다음은 1592년 5월 16일 발표된 히데요시의 주인장(붉은 도장이 찍힌 문서)이다. 히데요시는 이렇게 말했다.

"일본 땅은 좁다. 나는 중국을 정복하고 수도를 교토에서 베이징으로 옮긴 후 천황을 여기로 모시고, 주변 10개국(주)을 직할령으로 준다. 중국 본토는 히데쓰구(히데요시의 조카)를 중국 관백으로 하여 주변 100개국(주)을 주어 통치하게 하며, 일본 땅은 황태자에게, 조선 땅은 나의 양자에게 준다."

이어 5월 18일 발표된 문서에서는 이렇게 말했다.

"나는 베이징에서 이 작업 완료 후 닝보를 거점으로 하여 천축국(인도)을 정복할 것이다."

당시 세계 최강의 지상군을 보유했던 일본이 지금보다 훨씬 취약했던 명나라를 군사 점령하는 것은 충분히 가능한 일이었을 것이다. 영국 지배하에 있던 인도 역시 어려운 상대가 아니었으며, 스페인 지배하의 루손(필리핀), 샴(태국), 고산국(대만) 등은 작전 경로상의 통로였을 뿐이었다.

조선 또한 명나라로의 진공 도중 경로였다. 하지만 이 경로상의 첫 상륙지 조선에서 일본군은 패퇴했다. 조선은 엄청난 피해를 당했지만 일본의 침략 야욕을 결국엔 분쇄하고 말았다. 그 주력은 조선 수군이었고, 그 최고지휘관은 이순신이었다.

다시 말해 이순신은 일본의 조선 침략을 막았을 뿐 아니라, 더욱 중요한 것은 일본의 아시아 정복 야욕을 분쇄함으로써 동양평화를 수호하고 세계사의 흐름을 바꾸어 놓았다는 것이다.

이제껏 우리는 7년전쟁의 각론에 몰두하다보니 총론에 다소 소홀한 감이 없지 않다.

　당시로선 아시아 제국이 이 태풍의 위기를 체감하지 못했지만 350년 후 태평양전쟁으로 이는 현실화되었다. 이 역사의 교훈을 배우느냐 못 배우느냐는 그 나라의 역사 인식 역량에 달려 있다 하겠다.

새로운 시간
– 2022. 12. 16. 여해연구소 송년의 밤 인사말

 1941년 12월 8일 일본은 미국 하와이의 진주만을 선전포고 없이 기습 공격했다. 태평양전쟁의 시작이었고, 일본의 입장에선 대동아전쟁이었다.

한 달 후인 1942년 1월 8일, 그들은 미국이 점령하고 있던 필리핀의 마닐라를 점령했다. 이듬해 미드웨이해전에서 패하기 전까지 일본의 초기 전세는 욱일승천이었다.

마닐라 점령 다음날인 1월 9일.

그들은 왕년에 도요토미 히데요시의 거성이었던 오사카성 앞의 오테마에공원에서 육해군 군기가 펄럭이는 가운데 학생과 시민 2만여 명이 모여 히데요시의 위패를 앞에 놓고 승전 봉고식을 올렸다.

"350년 전 당신께서 꿈꾸다 이루지 못한 과업을 이제 우리가 이루어 나아가고 있습니다."

그들은 이렇게 고하고서 거창한 시가행진까지 펼쳤다.

"당신께서 꿈꾸다 이루지 못한 과업"이란 무엇인가?

앞서 서술했듯 350년을 거슬러 올라간 1592년 5월 히데요시가 주인장에서 밝힌 아시아 정복이다.

이 야망이 일견 허황하게 들릴지도 모른다. 하지만 당시 일본은 세계 최강의 지상군을 보유하고 있었다. 임진왜란 당시 그들은 명군과 15번 싸워 13승 1무 1패의 기록을 남길 정도로 막강했다. 그러니 충분히 실현 가능한 야망이라 볼 수 있다.

실제로 히데요시는 그 즈음 고산국(대만), 루손(필리핀), 천축국에 공문을 보내 일본에 조공을 바치라고 하며 침략의 명분을 축적해놓고 있었다. 그리고 조선은 중국(명나라)으로 건너가기 위한 징검다리에 불과했다. 그는 이미 수년 전부터 밀정들을 보내어 조선의 지리며 국내 사정을 샅샅이 파악하고 있었다. 주목표인 명나라(지금의 중국보다 영토가 작고 군사력도 약했다) 또한 충분히 이길 수 있다고 보았다.

그리하여 1592년 4월에 내디딘 아시아 정복의 첫 발.

과연 일본군은 강했고, 그들의 신각은 선광석화였다. 조선 상륙 20일 만에 그들은 수도 한양을 점령했고, 북진은 이어졌다.

이렇듯 전선이 확대되면서 병참보급로가 길어지게 되었다. 히데요시는 현지 약탈과 조선의 해안선을 따라 수로보급을 통해 진격을 계속 할 수 있으리라 철석같이 믿었다.

하지만 거기까지였다. 히데요시의 전성시대는 두 달 만에 끝났다.

조선의 해안선을 따라 북진한다는 전략은 예상치 못한 조선 수군에 의해 좌절되었다.

그 꼭대기에는
이순신이라는 거인이 우뚝 서 있었다.

이로부터 전쟁은 강화회담과 재침으로 이어졌다. 조선은 엄청난 피해를 입었고, 히데요시 또한 회복 불능의 중상을 입고 패퇴했다.

7년전쟁이 끝난 후 일본은 정권이 바뀌었다. 명나라 또한 국력 소진으로 후금에 의해 멸망했다. 그러나 조선은 지도에서 사라지지 않았다.

이 삼국 세력의 도도한 합류점에서 역사의 물굽이를 바꾼 이가 이순신이다. 그는 히데요시의 침략을 격퇴했을 뿐 아니라 아시아로 번져가려는 큰 불을 초기에 진화함으로써 동양평화를 수호한 대영웅이다.

선조는 왕조의 권위 유지를 위해 이순신의 공적을 의도적으로 폄하했다. 일본 또한 실패한 침략전쟁 이야기를 까봤자 제 얼굴에 침 뱉기이므로 애써 덮고 있다.

여해연구소는 바로 이런 역사적 사실을 바로 보고, 바로 평가하는 것을 목적으로 한다. 역사의 지층 속에 묻혀 있는 팩트들을 발굴하고, 그 퍼즐들을 재조명하여 국내외에 드러내고 후세에 넘기려는 것이다.

왜 침략 원흉 히데요시는 시저나 나폴레옹에 비견된다. 그런데 이순신은 제몫의 조명을 받지 못하고 있다.

우리는 그의 탄생 500주년이 되는 2045년을 1차 목표연도로 하여 이 물음에 답하려 한다.

오늘은 노량해전에서 이순신이 순국한 지 424주년이 되는 날. 그의 애국·애민 정신을 이어 받아 우리나라가 자유·평화·번영의 길로 도약하는, 새로운 다짐의 시간이 되길 기원한다.

에세이 2023

신년단상

 2023년 1월 1일.
일출 07:47, 일몰 17:24, 낮 시간 9시간 37분.
서울에서 관찰되는 일출과 일몰 시간.
작년과 똑같다.
재작년과도 똑같다.
100년 전과도 같고, 100년 후에도 같을 것이다.

지구는 도대체 어떻게 하여 태양의 주위 9억 4천만km를 1년에 1초의 오차도 없이 일주하는 것일까?

태양은 어떻게 묶어놓은 줄도 없이 지구로 하여금 수억 km의 공간을 1초의 오차도 없이 공전하게끔 하는가?

자연의 법칙은 너무나 오묘하여 평범한 두뇌로는 이해하기 어렵지만, 알고 보면 너무나 정확해 600년 전 세종 때의 천문학자 이순지는 일식과 월식을 1초의 오차도 없이 정확히 예측했다고 한다.

예측하기 어려운 것은 대자연보다 인간 사회이다.
2023년의 세계와 대한민국은 어디로 갈 것인가?
이 필수적인 현실 진단과 예측이 태양과 별들의 움직임보다 더 알기 어렵다.
1590년대에 우리는 인접국 일본의 침략 의도를 읽지 못했다. 아니, 뻔히 보면서도 믿고 싶지 않았던 측면도 있다. 통신사를 보내 정탐하고 왔어도 침략의도를 인지하고 그에 대비하는 것보다, 침략의도가 없다고 보고 안일하게 대비하는 게 우선 편했기 때문이다

1950년대에 들어 우리는 똑같은 우를 범했다.
북한의 남침 징후가 여러 군데에서 감지되었지만 전쟁이 터지면 평양에서 점심 먹고 의주에서 저녁을 먹을 수 있다고 자위하며 편히 지내는 것이 수월했기 때문이다.
1953년 정전협정 후 70년.
사상 최초로 대규모 무력 충돌 없이 비교적 평온하게 지내온 긴 세월이다. 그동안 전쟁도 없었고, 전쟁 교육도 받지 못한 신세대가 태어나고 또 태어났다.

이제는 주적이 바다 건너 있는지, 지척에 접해 있는지조차 관념이 없다. 전쟁이 육해공일지, Cyber 전투일지 알려고도 하지 않는다. 설마 전쟁이 일어날까? 일어나도 어떻게 되겠지 한다.

임진왜란은 온 나라가 이런 안일한 인식에 빠져 있을 때 일어났다. 6.25전쟁도 그렇다.
또 새로운 전쟁이 일어날 수도 있다. 우리는 한시도 잊어서는 안 된다.

쇠사슬

 1월 9일(경자). 맑음.
새벽에 쇠사슬을 꿸 긴 나무를 베어올 일로 이원룡에게 군사를 거느리고 돌산도로 가게 했다.

난중일기에는 곳곳에 쇠사슬 작업에 대한 기록이 있다. 큰 바위에 쇠사슬을 끼워 배를 계류시킨다거나, 각종 토목 작업을 할 때 쇠사슬이 필요했기 때문이다.

그런데 한 가지, 쇠사슬 사용에 대한 오해가 있다. 바로 명량해전 때 바다에 쇠사슬을 설치해 왜적선들을 전복시켰다는 주장이다.

이는 이순신의 뛰어난 전술을 찬양하다보니 너무 앞서 나간 주장이다.

첫째, 명량해협이 좁다 하나 최소 200m의 목폭인데, 아무리 소형 선박이라도 배를 전복시키려면 예사 굵기의 쇠사슬로는 안 된다. 당시로선 조선에 이런 목적에 맞는 굵기와 길이의 쇠사슬 제조 능력이 있었다고 보기 어렵다.

둘째, 설사 제조 능력이 있었다 하더라도 이를 설치할 시간 여유가 없었을 것이다. 이순신이 벽파진에서 전라우수영으로 함대를 옮긴 것이 1597년 9월 15일이었고, 울돌목으로 나와 일자진을 친 것이 9월 16일 아침이었다. 결국 하룻밤 새에 설치 작업을 완료했다는 말인데, 난중일기의 당시 기록에도 없거니와 물리적으로도 가능한 일이 아니다.

셋째, 설치 작업 자체는 가능하다 하더라도 만조와 간조때의 해수면 높이에 맞추어 적정한 깊이에 설치한다는 것은 더욱 지난한 일이 아닐 수 없다.

넷째, 그럼에도 불구하고 멋지게 설치했다 한들 결과는 어찌될 것인가? 왜적 함대에는 판옥선 크기의 아다케선도 있지만 40~50인승의 세끼부네가 공격 주축이었고, 조선 함대는 140~160인승의 판옥선이 주축이었다. 결국 쇠사슬의 피해자는 홀수선이 높은, 즉 물에 잠기는 깊이가 깊은 아군 함대가 되는 것이다.

이순신이 세계 해전사상 최고의 명장이다 보니 갖은 찬

양이 난무한다. 이 쇠사슬 이론은 그의 자살 이론과 '월이의 지도조작설'과 더불어 임진왜란 3대 전설로 남을 듯하다.

날씨, 어머니, 식량

 임란 7년 동안 이순신의 최대 관심사는 이 세 가지였다.

첫째는 날씨.

날씨는 농경시대 민간에 큰 관심사였지만 무엇보다 군에서는 전투의 중요한 요소였다. 육군보다 수군이 더했다.

동력선이 없던 시대, 인간이 두 팔로 노를 저어야 했던 당시에 격군(노 젓는 선원)은 전체 수군의 반 이상을 차지했다. 강풍이 몰아칠 땐 적선보다도 아군선끼리의 충돌방지가 급선무였다.

태풍이라도 불면 아예 계류조차도 큰 위험이 따랐다. 실제 이순신의 난중일기를 보면, 언제나 '맑음', '흐림', '비'로 시작되고, 비바람에 대한 서술이 상당 부분을 차지한다.

둘째는 어머니 걱정.

　무관 생활을 하다 보니 함경도 북쪽 끝에서부터 남해 끄트머리까지 변방 생활을 하던 아들 입장에서는 큰아들과 둘째아들까지 잃고 의지 없는 손주들을 키우시던 어머니가 제일 걱정이었을 것이다. 어느 아들이더라도 당연지사였을 터.

　임란 개전 당시에 이미 75세. 지금으로 치면 거의 백수에 가까운 나이로 봐야 한다. 이순신은 수시로 아들과 조카, 지인과 군관들을 보내 어머니의 안부를 확인했고, "평안하시다"는 말을 듣고는 기뻐했다. 그러면서도 이내 또 사람을 보내곤 하였는데, 나중엔 아예 먼 아산에서 여수 본영 근처로 모셔와 봉양하기에 이르렀다.

셋째는 식량 문제.

　사실은 이게 가장 난문제였다. 날씨나 어머니는 '관찰'로 끝나지만 식량 문제는 '해결'을 요하는 것이고, 수천 장병의 생사와 직결되는 문제였기 때문이다. 더욱이 명나라 군사들의 군량미부터 조달해야 하는 상황에서 전란 중에 농경, 추수, 배달 체계가 제대로 작동될 리 없었으니!

　아무튼 어떤 형태로든 자급자족을 하지 않으면 안 되었

다. 그래서 전투와 훈련 틈틈이 이순신은 온갖 취로 활동을 했다. 고기잡이, 해초 채취, 소금 굽기, 둔전 경영….

그리하여 얻은 어물, 소채, 소금 등을 쌀, 보리와 바꿔 군량미를 조달했고, 관서에 파천한 임금에게 보낼 쌀 수백 석을 마련하기도 했다. 그러나 고금도 통제영 시절에는 그 모든 노력에도 불구하고 충분한 군량미를 확보할 수 없었다.

허나, 이때도 궁즉통!

이때엔 이언적의 손자 이의온의 아이디어로 '해로통행증'을 만들어 오가는 피난선들로부터 쌀을 거두어 이 문제를 해결했다.

명장이란 어떤 사람들인가?

영국의 넬슨, 일본의 도고, 미국의 니미츠….

그들은 모두 부강한 나라의 잘 무장된 군대를 이끌고 싸웠던 사람들이다. 오직 전투의 승리에만 전력투구하면 족했다.

그러나 이순신은 다르다.

이순신은 가난한 나라의 헐벗은 군대를 이끌고서 주린 배를 움켜쥐고 싸우며 부강한 나라의 강력한 함대를 언전연파한 전무후무 진짜 명장이다.

거제도

아시아 대륙을 정복하려던 히데요시는 조선에서 일본 수군의 연전연패로 육군 보급로가 차단되자 전략을 수정하지 않을 수 없었다. 그는 명나라와 천축국을 단숨에 정복하려던 계획을 수정, 일단 대륙에 거점을 확보한 뒤 시간을 두고 대륙을 공략키로 했다.

그리하여 1593년 이후, 한반도 내륙 깊이 진공했던 부대들을 한반도 남해안으로 철수시켜 보급로의 길이를 줄이는 한편, 미래 진출 거점으로 남해안에 성을 쌓도록 했다. 이리하여 울산에서부터 순천에 걸쳐 30여 개의 왜성이 건축되었다.

그중 가장 왜성이 밀집된 지역은 거제도이다.

왜군의 최대 전략 목표는 남해와 서해의 제해권 장악이었다. 조선 수군의 최대 전략 목표는 이를 분쇄하는 것이었다. 그 경계선이 거제도였다. 이순신이 여수에서 한산도로 본영(나중에 통제영이 됨)을 옮긴 것도 그 까닭이었다.

실제로 1592년 5월 7일 이순신은 옥포해전에서 첫 승리를 거두었는데, 해상전투에서는 이겼으나 섬에 상륙해 왜군을 격멸할 수 없었다. 이에 왜군은 5월 9일 고현성(현 거제시청 자리)을 공격, 13일에 함락하고 말았다.

이렇듯 임란 당시 조선 수군은 해상방어에는 철통같았으나 단독 또는 연합 상륙작전에는 한계가 있었다. 반대로 왜군은 육지에서는 무적이었으나 해상전투는 매우 취약했다. 그래서 양편은 거제도의 고산 능선을 경계로 대치하는 형국이었다.

6.25전쟁 당시 낙동강 방어선이 일시 대한민국의 최후 보루였듯이 임란 당시에는 거제도의 해안선이 그러했다.

한산도에 통제영을 두었던 이순신은 이런 상황을 돌파하기 위해 의병장 곽재우, 김덕령 등과 연합해 거제도 북단의 장문포 왜성, 송진포 왜성을 공격하여 왜 수군에 약간의 피해를 주었다. 그러나 일본도 가토 기요마사, 시마즈 요시히로, 후쿠시마 마사노리 등 일본 최강 부대의 결사항전으로 큰 성과 없이 그친 일도 있다.

신라시대에 축조된 둔덕기성, 옥산성, 다대산성을 비롯해 아직도 남아 있는 24개의 성곽, 20세기 6.25전쟁 때 세워졌던 포로수용소 대지에 머지않아 KTX가 달리고, 가덕 신공항에 국제선 비행기가 뜨고 내릴 것이라 한다.

  6.25 전란의 와중에 굶어죽은 나의 두 동생은 이 섬의 흙이 된 지 70년이 넘었다. 끊임없는 외침에 시련을 받던 섬 거제도. 평화와 번영의 날은 과연 오려는가?

역사의 갈림길

태백산 줄기에 떨어지는 빗방울이 서풍을 받아 동쪽 줄기에 떨어지면 흘러 흘러 동해로 들어가고, 동풍을 만나면 서쪽 능선에 떨어져 한강 물줄기를 타고 결국엔 서해로 들어간다.

그걸 결정하는 지점은 불과 0.1m 이하의 거리이고, 시간은 0.1초 이하의 시간이다. 즉 0.1m 이하의 거리, 0.1초 이하의 시간에 빗방울의 운명은 동해와 서해로 멀리 멀리 갈라진단 말이다.

1592년 5월 29일, 사천해전에서 이순신에게 왼쪽 어깨 관통상을 입힌 총알은 당연히 이순신의 머리를 관통할 수도 있었다. 그랬다면 임진왜란의 향방은 크게 달라졌을 것이다. 조선과 명나라, 나아가 아시아의 역사 전개도 달라졌을 것이다.

그 당시 총알의 궤적과 이순신의 동선의 차이도 불과

0.1m, 그리고 0.1초 이하의 순간에 운명적으로 결정되었다.

1598년 11월 19일 노량해전에서 이순신을 절명시킨 총알도 0.1초 이하의 순간에 어깨나 팔다리를 맞출 수도 있었을 것이다.

인간 생사의 갈림, 지극히 짧은 시공간의 범주에서 결정된다. 그것이 역사의 갈래를 형성하는 것을 보노라면 측량할 수 없는 운명의 조화에 그저 아찔할 뿐이다.

임진왜란의 발발 또한 그렇다.

일본, 조선, 명나라 3개국이 얽힌 이 엄청난 전쟁은 일본의 국내 여론이나 집권층의 신중한 의사결정 과정을 통해 일어난 게 아니라 히데요시 한 사람의 독단으로 기획되고 추진되었다.

2,500만 인구가 한 사람의 전쟁광에 이끌려 전쟁에 휘말려 들어갈 수 있을까 하지만, 이는 실제다. 당시 수십 명의 대소 다이묘들은 모두 히데요시에게 정복당한 지방 영주들로, 의사 표시를 할 수 있는 입장이 아니었다.

더욱 결정적인 것은, 히데요시에게 바른 소리를 해줄 혈족과 가신단이 없었다는 것이다.

통상 다이묘들에게는 다이묘 일가문의 혈족 협력체 외

에 대대로 다이묘와 운명을 같이하는 가신단, 그리고 실천 단계에서 생사를 같이하는 무력을 갖춘 외곽 단체가 있었다. 오다 노부나가, 모리 데루모토, 시마즈 요시히로, 다테 마사무네 등 쟁쟁한 가문을 자랑하는 지방 영주들에겐 쓴소리를 하는 혈족과 막강한 가신단이 있었지만 천한 시골 농부 출신인 히데요시에게는 대륙 정벌의 부당성과 무모함을 말해줄 수 있는 혈족이나 현명한 가신단이 없었다.

  60여 명문 다이묘를 제치고 등장한 최고권력자 히데요시. 하필이면 가신단도 없고, 낫 놓고 기역자나 겨우 쓰는 조폭 때문에 일본은 물론 조선과 명나라 3국의 비극이 있었던 것이니, 이것이 과연 역사의 조화인가 아이러니인가?

역사의 법칙

 1979년 10월 26일 대한민국 서울 궁정동 안가.
중앙정보부장 김재규는 이미 결심이 서 있었다. 그 누구의 말도 듣지 않고 독재의 길로 치닫고 있는 박정희, 아니 그보다도 더 꼴 보기 싫은 경호실장 차지철.

근거리에서 일거수일투족을 관찰해온 부하로서 독재는 물론 이미 정상궤도를 벗어난 지 오래인 엽색 행각, 이를 앞장서 부추기는 골빈 경호실장의 아니꼬운 행태는 도저히 눈뜨고 봐줄 수 없었을 것이다.

그는 치밀한 미래 시나리오나 우군 세력 없이 분노의 총탄을 발사했다. 결과는 어처구니없는 즉각적인 체포, 죽음이었다.

1582년 6월 2일 일본 교토의 혼노지.
아케치 미쓰히데는 총 아닌 분노의 칼을 휘둘러 자기 주군 오다 노부나가를 없애버렸다. 동맹군인 도쿠가와 이에야스의 접대를 소홀히 했다는 이유로 뭇사람들 앞에서 발길질을 하며 자존심을 여지없이 짓밟은 주군에 대한 증오심을 도저히 누를 길이 없었던 것이다.

만약(역사에 가정이야 없다지만, 현실을 떠나 가능성은 유추해볼 수 있을 것이다) 김재규가 그날 그때 분노의 방아쇠를 당기지 않았더라면? 더불어 더욱 정교한 집권 계획을 가지고 조직적인 쿠데타를 거행했더라면?

대한민국은 5.18민주화운동 등의 쓰나미를 겪지 않고 순탄한 발전을 했을 수도, 아니면 더 심한 혼란을 겪고 어려운 처지에 떨어졌을지 모른다.

만약 아케치 미쓰히데가 그때 분노의 모반을 일으키지 않았더라면? 혹은 더욱 치밀한 집권계획을 가지고 더 많은 우호세력을 확보했더라면?

아마도 도요토미 히데요시의 등장은 없었을 테고, 따라서 히데요시의 대륙 정벌도, 임진왜란도, 이순신의 등장도 없었을 것이다.

어찌 이뿐이랴?

인류 역사의 대사변은 하나같이 이토록 작은 오판과 큰 욕심 때문에 생긴다. 6.25 한국전쟁도, 제1, 2차 세계대전도 다르지 않다.

수만 생명을 앗아간 튀르키예 대지진도 지하의 아주 작은 뒤틀림에서 비롯되었다. 지구상의 대멸종도, 최초의 방아쇠는 보잘것없는 것에서 비롯된다.

어찌 보면 그 사소한 분노의 방아쇠, 분노의 칼질이 새 역사를 창조하는 단초를 만든다는 것이 역사의 법칙인지 모른다.

봉수대의 효용

1888년 독일의 물리학자 하인리히 헤르츠(Heinrich Hertz)가 전자파의 존재를 증명하고, 20세기에 들어 이를 응용한 레이더가 만들어지기 전까지 전투에서 적의 위치와 이동 상황을 파악하는 주무기는 망원경이나 인간의 육안이었다. 임진왜란 당시에는 망원경마저도 없었으므로 오로지 인간의 눈으로만 적의 동정을 탐색할 수밖엔 없었는데, 이를 위해 그 이전부터 만들어진 것이 봉수대이다.

전투에선 공격을 위해서건 방어를 위해서건 적을 먼저 발견하는 것이 중요하다. 우리나라는 산이 많다보니 당연히 산꼭대기에 봉수대를 많이 만들었다.

봉(烽)은 밤에 피워 올리는 횃불, 수(燧)는 낮에 피워 올리는 연기를 말한다. 17세기의 '해동팔도 봉화 산악지도'를 보면 조선시대에는 전국에 650개의 봉수대가 있었다.

신호방법은 횃불의 경우 평상시에는 1개, 적 출현 시에는 2개, 국경 접근 시엔 3개, 국경 돌파 시엔 4개, 아군과 접전 시에는 5개의 봉화를 올렸다.

그리하여 제1로, 3로, 4로는 각각 몽골, 여진, 중국의 침략에 대비하고, 제2로와 5로는 일본의 침입에 대비했다. 그리고 대개 12시간이면 한양의 목멱산(남산) 봉수대까지 이를 수 있었다.

일본의 대마도와 가장 가까운 거리인 거제도는 제2로의 시발점으로, 현재 6개의 봉수대 터가 남아 있다. 그중에서도 대마도와 가장 가까운 지역에 있는 와현 봉수대는 거제시 일운면 지세포리 망산 정상 300m 위치에 있다. 나머지 옥녀봉, 가라산, 강망산, 지세포, 백암산 봉수대도 섬 요지의 조망 좋은 곳에 자리 잡고 있다.

문제는 이러한 전쟁 경보 시설의 운용이다.

봉수대에는 4~5명에서 10명 이상의 파수꾼이 근무하게 되어 있었다. 그러나 임진왜란 때도 병자호란 때도 봉수대는 작동하지 않았다.

남해바다에 왜군이 나타나고, 청나라 군사가 압록강을 건넜다면 당일 또는 익일 새벽에는 한양의 임금에게 도달해야 할 비상경보가 사흘 후에나 도착한다면 이 훌륭한 시설이 무슨 소용인가? 열악한 근무환경에서 일하는 파수꾼들의 근무태만과 감독관의 관리소홀 때문에 엄청난 시설이 무용지물이 되는 것이다.

전쟁은 무기로만 하는 게 아니다. 가장 중요한 것은 정신력이다.

16세기 말 조선은 일본에 비해 군사력은 약했으나 온 국민의 강한 정신력으로 침략을 물리쳤다. 최근의 비근한 예로는 러시아와 우크라이나 전쟁을 들 수 있겠다.

요즘 미사일 발사장에 코흘리개 딸을 데리고 나오는 어느 권력자를 보면서, 그런 정신구조의 종말이 어찌될까 하는 궁금증을 누르기 어려워진다.

통신의 발달

1583년 11월, 이순신의 아버지 이정은 73세의 나이로 세상을 떠났다. 함경도 권원보의 군관이었던 이순신에게 부고가 전해진 것은 이듬해 정월.

그는 서둘러 말을 빌려 타고 아산으로 내려와 장례를 치른 뒤(당시는 양반가에서 3개월의 장례가 흔했다) 1586년 1월에 사복시 주부로 임명될 때까지 아버지의 3년상까지 치렀다.

이순신의 둘째형 이요신은 1580년 38세의 나이로 이미 죽고 없었다. 맏형인 이희신은 생존해 있었는데, 왜 셋째인 이순신이 3년상을 받들었는지는 상세한 기록이 없어 알 수 없다.

엊그제 '김영삼대통령기념재단' 창립 모임이 있었다. 전·현직 국무총리, 국회의장과 유엔 사무총장의 축사, 윤석열

대통령의 영상 축사가 있었다. 한 시간 남짓 진행된 기념식은 400년에 걸친 통신기술의 변화를 몸서리치도록 무섭게 실감시켜 주었다.

400년 전의 일개 백성으로 돌아간 나. 국무총리는 영의정이고, 대통령은 왕이다.

아무튼 교통과 통신이 발달하지 않았던 당시의 세상은 이토록 모든 것이 느리게 느리게 진행되곤 했다. 예전 같으면 감히 근접조차 힘들었을 영의정들이 줄지어 나오고, 판서며 고관대작들이 코앞에서 우글거린다.

그리고는 TV 화면에 비치는 임금. 물론 옛날 같으면 온 나라 대부분의 백성은 임금의 얼굴을 볼 수도 알 수도 없었다. 그 귀한 얼굴을 온 나라 백성이 다 쳐다보고, 그 말씀을 생생하게 들을 수 있다니.

듣도 보도 못한 먼 나라에서 전쟁이 일어나 서로 싸우고, 또 다른 나라에선 지진으로 수만 명이 죽었다. 옛날 같으면 전혀 알 수도 들을 수도 없는 얘기들.

10년이 걸려도 접하지 못할 정보를 단 10분 만에 접하는 세상. 그 엄청난 정보량과 전달 속도라니! 머리가 깨어지지 않는 게 놀랍다.

앞으로 400년 후엔 과연 커뮤니케이션 방식이 어떻게 변

할까?

동시대, 동일 공간을 초월하여 시간적으로는 10대 선조와 후손이 통하고, 공간적으로는 지구를 훌쩍 뛰어넘어 다른 별의 인간과 아바타들이 텔레파시만으로 모든 커뮤니케이션이 될 수 있지도 않을까?

지난 4만 년과 4천 년은 큰 변화가 없었다. 4천 년과 400년도 획기적인 변화는 없었다.

그러나 400년 전과 지금은 엄청 많이 변했다. 앞으로 오는 400년은 상상조차 어렵다.

1582년

1582년, 오다 노부나가가 혼노지에서 변을 당한 후 도요토미 히데요시는 즉각 아케치 미쓰히데를 토벌하고서 그 빼앗은 영지에 대한 검지(檢地), 즉 토지조사를 실시했다. 점령지 토지조사는 그 후 여러 다이묘를 정복할 때마다 실시했는데, 1598년 그가 죽을 때까지 계속되었다.

전국 통일은 1590년 무렵으로 이미 달성했다. 토지조사가 그 후로도 수년간 계속되었다는 것은 그만큼 엄중하고 철저하게 시행되었기 때문일 것이다.

토지조사의 주목적은 물론 세금 징수다. 이는 일본이나 조선이나 동일하다. 그러나 목적이 같아도 방식은 전혀 다르다.

조선(세종대왕의 경우)은 토지 등급, 그해의 기후 조건

등을 최대한 고려해 백성들에게 너무 과중하지 않게, 공정한 세금을 부과하는 것이 가장 중요한 요소였다. 시행도 매우 신중했다.

그러나 일본은 '공정한 징수'보다는 '최대한의 징수'가 제일 중요한 요소였다.

이를 위해 도입된 기발한 아이디어가 '도량형 개혁'이었다. 이제껏 360보(步)를 1반(反)으로 하던 기준을 300보를 1반으로 바꾼 것이다. 이것 하나만으로도 간단히 20%의 증세 효과를 거두게 되는데, 히데요시는 농민들의 저항에도 불구하고 휴경지와 경작 불능지까지 세금을 매겼다.

그러다보니 노부나가 시대만 해도 영주보다는 경작자의 몫이 많았다. 어느새 영주의 몫이 경작자보다도 훨씬 많아지게 된 것이다. 전국적으로 보면 수백만 석 규모가 되는데, 과연 무엇 때문에 그리도 가혹하게 착취하려 했을까?

답은 간단하다.

전쟁!

히데요시는 조선 침략 10년 전부터 이미 그 준비를 하고 있었다.

우리는 실로 무서운 이웃을 두고 있었다. 그러면서 태평가를 부르고 있었다!

인구 피해

 **1598년 11월 19일 노량해전.
이 싸움에서 이순신은 전사했다.
왜군들은 그의 죽음을 알았을까, 몰랐을까?**

히데요시의 대륙 침공 계획을 좌절시킨 주인공.

그의 생사(生死)는 전쟁의 향방을 가름하는 결정적인 요소였다. 그러나 이제는 히데요시가 이미 죽었기 때문에 이순신의 생사가 전쟁의 결정적인 요소라기보다는 철수작전의 중요한 요소였다.

왜군 입장에서 이순신이 살아 있다면 철수작전은 또 하나의 생사고비가 되고, 죽었다면 다소 여유 있는 철수작전을 펼칠 수 있을 것이었다.

이순신이 살아 있을 경우

그들은 이순신 함대가 다시 공격해오기 전에 최대한 빨리 조선을 탈출해야 한다. 즉 군량과 병기 등을 버리더라도 가장 빠른 시간에 병력 수송을 완료해야 한다.

이순신이 죽었을 경우

그들은 약간의 여유를 갖는다. 군량과 병기는 물론 각종 전리품과 포로들을 최대한 끌어 모아 후퇴할 수 있다.

자세한 역사 기록은 남아 있지 않으나 그들은 이순신이 죽었을 경우를 생각했을 것이다. 최종 탈출한 그들의 배에 많은 조선 도공이 실려 있었다는 사실이 이를 증명한다. 오늘날까지 세계를 누비는 일본의 아리타 야키, 사쓰마 야키의 선조들이 바로 이때 왜군 탈출선에 탑승했던 것이다.

근세 이전, 인구 곡선의 가장 큰 요소는 질병과 기근, 전쟁이었다. 임란 7년 기간에 질병으로 수많은 인명 피해가 있었다. 하지만 그때는 병명조차 몰라 제대로 된 기록도 없다.

기근도 질병 못지않은 재해였다. 이는 기록이 있다.

임란 후인 1670년부터 1700년 사이에 두 차례의 대기근으로 300만 명이 희생되었다 한다(정확한 인구통계가 없어 신뢰도에 의문이 있다).

그 후 조선 인구는 1774년 710만, 1804년 751만, 1834년 676만. 30년 터울을 두고 41만이 늘었다가 75만이 줄었다는 것은 큰 전쟁도 없던 시기에 질병과 기근의 피해가 얼마나 막심한지를 보여준다. 만약 거기에 전쟁까지 겹친다면?

임진왜란과 병자호란 당시엔 사회적 혼란으로 인구통계조차 없다. 그러나 두 전쟁의 최대 피해자인 조선이 입은 인구 피해는 과연 얼마일까? 통계수치는 없지만, 아무리 천문학적인 물적 배상금으로도 결코 채워지지 않을 것임은 틀림없다.

전쟁의 기억

우크라이나 전쟁이 터진 지 1년이 지나고도 아직 그 끝이 보이지 않는다. 미국과 중국의 대치관계는 군사 분야부터 경제, 문화, 과학기술 등 전면적 대결 양태로 확대되고 있다. 미국, 중국, 일본, 러시아뿐 아니라 당장 북한의 핵 위협을 머리에 이고 있는 우리나라의 안보, 경제 상황은 언제나처럼 아슬아슬하다.

이 난국 타개의 방안은 무엇일까?

우리는 과거의 역사에서 해답의 힌트를 모색해볼 수 있다. 이에 16, 17세기에 겪었던 외침의 역사를 소환하여 오늘의 현실에 비춰본다. 이를 통해 우리를 둘러싸고 있는 국내외 정세를 파악하고, 우리가 어떻게 전쟁에 대비하고 대응했으며, 마무리는 어떻게 했는지를 짚어보고, 한편으로는 두 전쟁을 비교해 볼 수도 있다.

임란과 호란의 비교

임란은 1592년에 일어난 임진왜란을 일컫지만 1597년에 일어난 정유재란을 합쳐 부르기도 한다. 두 왜란이 연속되기 때문이다.

그러나 1627년에 일어난 정묘호란과 1636년에 일어난 병자호란은 연속성이 없어 묶어 취급하지 않는다. 여기서는 임진·정유 두 왜란을 임란으로, 병자호란을 호란으로 하여 몇 가지 공통점과 차이점을 짚어본다.

1. 발발 시기
   임란 : 1592년
   호란 : 1636년
2. 전란 기간
   임란 : 7년(1592년~1598년)
   호란 : 2개월(1636년 12월~1637년 1월)
3. 재위 임금
   임란 : 선조
   호란 : 인조
4. 상대국/주모자

임란 : 일본/도요토미 히데요시

호란 : 청나라/태종

5. 임금 피난지

임란 : 의주

호란 : 남한산성

6. 관련국

임란 : 3개국(조선, 일본, 명)

호란 : 2개국(조선, 청)

7. 정세 파악

임란 : 조선은 대항해 시대의 세계사적 흐름에 전혀 무지하였고, 알려고 하지도 않았다. 인접국 일본이 서양 문물을 받아들이며 국력을 배양하는데도 왜구 방어에만 급급하며 애써 눈을 감았다.

호란 : 명나라의 국력이 쇠하고 청나라가 흥기하는 대륙의 지각변동에 여전히 무감각했다. 명나라의 '재조지은(再造之恩)'에 감읍하여 실리외교의 기회를 스스로 방기했다.

8. 전란 대비

임란 : 일본의 침략 움직임이 감지되었으나 조정은 제

대로 된 방어대책을 수립하지 않았다.

　호란 : 청나라가 겨울에는 군사 동원을 하지 않으리라고 안이하게 대처했다. 그러나 청나라는 압록강이 얼어붙는 겨울을 택했다.

9. 봉수대

　임란 : 작동하지 않았다.

　호란 : 작동하지 않았다.

10. 초기 전투

　임란 : 육군은 일방적인 패배, 수군은 연전연승.

　호란 : 육군은 국경 부근의 산성에 웅거하여 방어태세를 갖추었으나 청군은 이를 무시하고 무인지경을 달려 바로 한성에 도달.

11. 왕의 피난

　임란 : 평양 경유, 의주까지 피난.

　호란 : 강화도 피난길이 막혀 남한산성으로 피신.

12. 관군의 대항

　임란 : 육군은 비능률적인 전시동원 체제로 초기엔 연전연패, 수군도 초기엔 지리멸렬했으나 이순신 함대는 연전연승.

　호란 : 남한산성에 포위된 왕을 구하기 위해 각 지방

관군이 동원되었으나 여주, 검단산, 죽전, 광교산 등 전투에서 청군 포위망 분쇄 실패.

13. 의병 활동

    임란 : 전국 각지에서 요원의 불길같이 일어남.

    호란 : 임란 때의 의병장 처형, 박해의 여파로 의병 활동 전무.

14. 인적 피해

    임란 : 군 사상자 수만, 민간인 사상자 수만.

    호란 : 군 사상자 수천, 민간인 사상자 수천.

15. 포로

    임란 : 최대 10만.

    호란 : 최대 60만.

16. 전쟁의 결말

    임란 : 육군의 패전은 수군의 승전과 의병 봉기, 명나라 원군에 의해 회복됨.

    호란 : 막강 수군도 의병 봉기도 없고, 제3국의 원조도 없어 결국 항복.

17. 결과(국내)

    임란 : 인적·물적 피해 막심, 굴욕적 화평조건 무.

    호란 : 인적·물적 피해는 상대적으로 적었으나 삼전도

의 굴욕, 세자와 왕자의 인질로 인하여 사후적 피해 막심.

18. 결과(국제)

  임란 : 도요토미 히데요시 정권 몰락, 도쿠가와 이에야스 정권 등장.

  호란 : 명나라 멸망, 청나라는 중국 역사상 최강국이 됨.

19. 교훈

  임란 : 조선이 엄청난 피해를 당하면서도 명나라를 일본 침공으로부터 막아주었으나 조선은 '재조지은'만을 지나치게 강조.

  호란 : 지는 해 명나라와 떠오르는 해 청나라 사이에서 외교적 좌표 설정 못 하고 방황.

임란과 호란, 해방, 6.25 한국전쟁을 관통하는 최대공약수는 '자주국방력의 결여'이다.

외적 요인이 아무리 많고 불가항력이었다 하더라도 자주국방력을 갖추고 있었다면 상황은 달라졌을 것이다.

미·중·러·일, 그리고 무엇보다 핵 공갈을 해대고 있는 북한과 접해 있으면서 우리는 과연 북한이나마 누를 수 있는 자주국방력을 가지고 있는가?

핵무장의 도미노를 막기 위해 자체 핵 보유를 자제해야 한다는 논리는 결국 세계평화의 대의를 위해 우리 자신을 또다시 희생양으로 바치겠다는 말일 뿐이다.

땅따먹기

 인류의 역사는 전쟁의 역사요, 전쟁의 목표는 '땅따먹기'다.

예외적으로 '적군섬멸'만을 목표로 하는 전쟁도 있다. 하지만 대부분은 땅따먹기의 방편이요, 과정일 뿐이다. 왜냐하면 땅이야말로 부(富)의 원천이요, 번영의 바탕이기 때문이다.

칭기즈칸의 대륙 정벌도, 콜럼버스의 아메리카 발견도, 스페인의 중남미 경영도 궁극적인 목표는 땅따먹기였다. 큰 나라는 큰 나라대로, 작은 나라는 작은 나라대로 한 치의 땅이라도 더 따먹고 뺏기지 않으려고 해왔던 것이 인류의 역사다.

임진왜란과 병자호란도 예외가 아니다. 우리나라 또한 예외가 아니다.

우리 민족이 평화민족인 건 맞다. 하지만 고려 말(1389

년), 조선 초기(1419년)에 대마도를 정벌했다. 힘이 달려 점령까지는 못했지만 조금만 더 강했더라면 분명코 대마도를 점령했을 것이다.

영토적 야심이 없다고 칭하는 미국도 지난 200년간 영토 확장을 위해 원주민과 싸우고 인접국과도 줄곧 싸워왔다. 현대에 이르러, 부의 원천이 땅에만 있는 게 아니라 인간의 두뇌 속에 있음을 깨닫고 더 이상의 확장 여지도 없는 지구 표면에서의 땅따먹기를 자제하고 있을 뿐이다.

그러나 지구 표면에서의 분쟁이 완전 소멸되기는 아직도 갈 길이 멀다. 인접국끼리의 국경분쟁이 여기저기 남아 있기 때문이다. 우리나라와 일본의 독도 분쟁, 일본과 러시아의 북방 4도 분쟁, 일본과 중국의 센카쿠(댜오위다오) 분쟁, 그 외 중국과 베트남, 필리핀 등과의 분쟁….

큰 땅 분할은 대충 마무리되었다. 그러나 이 작은 땅 분할이 사실은 더 어렵다.

독도의 경우, 일본이 우리나라의 땅임을 인정하려 해도, 그리 되면 러시아와의 북방영토 교섭에 큰 난관이 생긴다. 중국이 일본에 양보하고 보면 다른 동남아 국가들과의 분쟁에서 크게 불리해지고. 결국 우리나라는 '실효적 지배'를 유지하는 선에서 더 이상의 분쟁 확대를 피하는 것이 단기적으로는 가장 현실적인 방안이라고 할 수밖에 없을 듯하다.

깎아내리기 병

 임진왜란의 원흉 도요토미 히데요시의 캐릭터는 오늘날의 시대감각으로는 물론 당시에도 이해하기 힘든 별난 구석이 많다.

고마키, 나가쿠데 전투에서 도쿠가와 이에야스에게 패배의 쓴맛을 본 히데요시는 이에야스를 그대로 두고서는 전국통일이 불가능함을 깨닫고 여섯 살 연하인 그를 복속시키기 위해 기상천외의 수법을 동원한다.

결혼해 잘 살고 있는 누이동생을 강제로 이혼시켜 이에야스의 측실로 보내고(매제는 결국 자살한다), 어머니를 인질로 보내 적의가 없음을 증명한다. 그렇게 이에야스를 넘버 투로 만든 다음 그의 영지를 하마마츠에서 에도(동경)로 바꾸어 멀리 보내버린다.

물론 그것만으로는 안심이 되지 않았다. 그래서 중간 지역엔 이에야스의 적대 영주들을 여럿 두어 쉽사리 오사카로 쳐들어오지 못하게 했다.

1590년 그가 조선통신사들에게 건네준 서한의 내용은 오만방자하고 기이하다.

"나는 태어날 때 어머니가 태양을 품는 꿈을 꾸었는데, 햇빛이 닿는 곳마다 나의 위력이 미쳐 결국 사해에 위명을 떨치고 삼국(일본, 조선, 중국)을 통일할 것임"을 언명했다.

1593년 필리핀을 다스리던 스페인 총독에게 보낸 서한에서는, "나는 태양을 가슴에 품고 태어났는데, 이 기적은 내가 동서양을 통치하는 임금이 돼야 한다는 의미로, 모든 나라는 나에게 복종해야 함"을 외쳤다. 고산국(대만)에 조공을 요구할 때도, 인도 고아에 있던 포르투갈 총독에게도 같은 내용의 서한을 보내 조공을 요구했다.

이 황당무계하고 오만불손한 외교문서에 각국의 반응은 다양했다. 하지만 다행히 전쟁에 이르지는 않았다.

이후 조카(누나의 아들)를 자기 후계자로 세웠다가 뒤늦게 아들이 태어나자 조카 일족 38명을 잔인하게 죽이고도 눈썹 하나 까딱하지 않았다. 그야말로 냉혈한이었다.

그럼에도 히데요시는 일본 역사에서 가장 걸출한 영웅으로 인기가 높고, 서양사의 시저나 나폴레옹과 비견되곤 한다.

일본보다 짧지 않은 역사를 가지고서도 세계적인 위인이 없는 우리와 비교할 때 참으로 수수께끼 같은 일이다.

원인은 딱 한 가지!
일본은 추켜세우기의 명수요, 우리는 깎아내리기 챔피언이기 때문이다.

일본과 달리 우리나라는 어떠한 영웅도 위인도, 아무리 무수한 큰 공적이 있어도 꼬투리 하나만 잡히면 가차 없이 깎아내리기 칼날을 피할 수 없다.

20세기 국제정치의 흐름을 손금 보듯 읽고 이 나라를 건국한 이승만, 세계 최빈국을 반세기만에 경제 선진국으로 일으킨 박정희 등의 영웅도, 세계무대에 오르기 전에 가차 없는 깎아내리기로 모두 독재자의 올가미를 쓰고 있다. 일제시대에 국내에서 웬만한 사회 활동을 한 사람치고 친일파로 낙인찍히지 않은 사람은 드물다.

수백 년 면면히 이어져 내려오는 끈질긴 깎아내리기 병!
통합이니 화합이니 포용을 아무리 입으로 외친들 이 병을 고치지 않는 한 우리 앞날에 세계적인 위인의 출현은 있을 수 없다.

과연 언제이련가?
우리가 이 병을 졸업하는 날은?

거북선의 출현

 **1592년 5월 29일 사천.
거북선이 최초로 전투에 투입된 날이다.**

   그날, 이 괴상한 전함을 처음 접한 왜병들의 공포와 절망감은 어떠했을까?

   먼 거리에서 이 괴함을 목격했을 때까지만 해도 그저 겁주기 위한 괴함 정도로 생각하고 중국이나 인도네시아의 전함처럼 능히 요리할 수 있을 것이라 여겼을 것이다.

   접근하여 등선한 후 주특기인 칼싸움으로 배를 빼앗는 것은 수백 년 익혀온 왜구 득의의 전술.

   그러나 막상 접근하여 등선코자 했을 때 그 엄청난 크기, 등선하기에는 너무 높은 갑판, 전신에 고슴도치같이 꽂혀 있는 칼날과 송곳.

   총도 화살도 칼도 먹히지 않고, 기어오를 수도 없는 선체!

 왜병들은 이 불가항력의 이지스함에 속수무책으로 격침, 분멸당할 수밖에 없었다. 이순신 함대와의 전투는 스스로의 제삿날 행사였을 뿐이었다.

 해전에서 승패의 가장 중요한 요소는 함선의 성능이다. 이순신과 나대용 등 조선 수군 수뇌부는 함선의 개념 설계에서 일찌감치 왜 수군을 따돌리고 있었다. 그들은 고려시대 왜구 침략에서 겪은 경험을 통해 저들의 등선 육박 전술을 제압할 방도를 모색했고, 그 결과 대형 판옥선과 공격형 버전인 거북선을 탄생시켰다.

 우연찮게도 이순신은 왜적이 부산에 상륙하기 전날에 거북선의 함포사격 실전 훈련을 완료했다. 이날(5월 29일)에 드디어 그 성능을 실전에서 발휘한 것이다.

 세 곳의 선소에서 건조한 거북선이 모두 일란성 쌍생아처럼 동일하지는 않다. 그러나 좌우 14개의 노와 12문의 총구를 가진 구도는 기본적으로 동일하다.

 그 크기는 다른 판옥선이나 일본의 아다케선에 비해 약간 작으나 왜의 주력 공격선인 세끼부네와는 크기, 무장, 공수 능력에 있어 고래상어와 돌고래의 차이라고나 할까?

 임란 7년을 통해 이순신은 3척의 거북선을 제작했다. 그런데 돌격선으로는 최고 성능을 가진 거북선을 왜 3척밖에 건조하지 않았을까?

기본 설계는 판옥선과 거북선에 차이가 없다. 거북선은 어디까지나 판옥선의 한 공격형 버전이었다.

그러나 제작 면에서는 큰 차이가 있었다. 판옥선도 거북선도 선체는 쇠못을 쓰지 않고 목재로만 제작했지만 거북선에는 지붕에 다량의 쇠못과 송곳, 칼날이 필요했다.

그 엄청난 쇠의 소요량!

안타깝게도 그 당시 조선의 철 생산량은 이를 감당할 수준이 아니었다.

거북선의 최후

1597년 2월.

삼도수군통제사 인계인수 과정에서 이순신이 원균에게 인계한 함선은 132척이었다. 다섯 달 후 칠천량전투에서 원균이 패전한 후 조선에 남은 함선은 배설이 이끌고 도주한 12척이 전부였다(일본 기록에는 칠천량전투에서 그들이 파괴한 조선의 함선은 122척이다).

그러나 1597년 9월 16일의 명량해전 후 이순신은 고하도에 머무르는 108일간 40여 척의 판옥선을 건조했다. 1598년 7월 19일 절이도해전 때에는 85척의 판옥선을 이끌고 출전했다.

다시 말하면, 10개월 사이에 70여 척의 판옥선을 건조하였으니, 실로 엄청난 속도의 수군 재건이었다. 그러나 그중에 거북선은 한 척도 없었다.

왜 타의 추종을 불허하는 공격력을 지닌 거북선을 건조

하지 않았던 것일까?

가장 큰 이유는 역시 '철의 부족' 때문이었을 것이다. 조선은 세종 때부터 중국에의 조공 부담을 줄이기 위해 일부러 금·은광을 폐쇄했고, 결과적으로 철광 채굴도 미미했다.

훗날 조선은 수척의 거북선을 더 건조했다. 그러나 이순신의 생존기간 중에는 추가 건조가 없었고, 칠천량전투에서 모두 사라졌다.

어떻게 사라졌을까?

거북선의 선체구조는 태풍이라면 모를까 어지간한 강풍이나 적의 공격에는 전복 또는 침몰하지 않는 구조였다. 그럼에도 침몰했다면 아마도 분멸이었을 것이다. 정유재란 때에는 일본 전함들도 함포사격 능력이 있었다. 그래서 거북선에 포격을 가할 수 있었을 것이고, 거북선은 포격에 의한 분멸로 침몰했을 공산이 크다고 보겠다.

이 가정이 맞는다면 거북선의 인양작업은 위치적으로 어려울 뿐더러, 성공한다 하더라도 형태적 판별이 심히 어려울 것이다.

어쩌면 거북선은 우리가 개발한 함포로, 우리나라 포로들에 의해 침몰된 서러움을 안고 남해 바다 깊숙이 그 모습을 숨기고 있는지도 모른다.

노 젓는 시대의 해전

1597년 9월 16일(음).
(전략) 우수사 김억추가 탄 배는 이미 두 마장(약 0.8km) 밖에 있었다. …… 나는 배 위에 서서 직접 안위를 부르며 말하기를 "안위야, 네가 군법에 죽고 싶으냐? 도망간들 어디 가서 살 것이냐?"라고 말하였다. (후략)

조선의 명운을 걸고 13척의 배로 133척의 적군을 물리친 명량해전의 긴박한 상황을 기록한 이순신의 일기이다.
영화 등을 보면 두 시간도 안 되는 시간에 31척의 적선을 격파하는 숨 가쁜 싸움터에서 800m의 후진이니 뱃머리에서의 꾸지람이니 무슨 한가한 수작인가 선뜻 이해가 가지 않는다. 실제의 현장 상황과 역사 기록을 읽는 독자의 느낌이 다른 것은 너무나 당연하다.
운명의 그날, 현장 상황은 과연 어떠했을까?

탐망선이 그날 새벽 적선을 발견한 것이 10km 지점이라 치자. 정지 상태인 아군 함대에 적군 함대가 근접하는 데에는 3~5시간이 걸렸을 것이다(당시에는 피아 불문 모두 노를 저어 전진하던 시대였다).

따라서 적선 발견 후 접근전이 벌어질 때까지는 넉넉히 한 끼 식사하고 전투 준비할 시간 여유가 있다. 실전은 최대 1km 이내까지 접근하고 나서야 시작되었을 테니 말이다.

전투 지속 시간은 얼마나 되었을까?

기록에 의하면, 적군이 만조를 이용해 먼저 공격을 하고, 아군은 필사적으로 방어하다가 간조로 바뀔 때부터 본격 공격을 하였다 한다.

만조와 간조의 간격은 6시간이므로, 아마도 6~8시간 이상의 전투라고 봐야 할 것이다. 그렇다면 시간당 4~5척을 격파했다는 계산이 나오는데(시간제한이 있는 영화와는 긴박감이 다르다), 아침 10시경에 전투가 개시되었다 보면 오후 4~6시 이후에 전투가 종료되었을 터이다.

그렇다면 양력 10월 하순의 절기로 보아 이때엔 이미 날이 어두워 왜구이 2차 공격을 할 수도 없었을 것이다(이때쯤 이순신의 함대는 무기와 화약이 거의 소진되었고, 왜군은 아직도 100여 척의 군함이 후방에 고스란히 남아 있었다).

쌍방이 국운과 목숨을 걸고 싸운 이 전투가 실제로는 이토록 느린 템포로 진행된 한 판이었다. 이순신이 스스로 말했듯이 아군과 조선 입장에서 볼 때 실로 '천행'이었다.

또 다른 선택

사람은 일생을 살아가면서 수없이 많은 상황 속에서 수없이 많은 의사 결정을 해야 한다. 그런데 그 의사결정에는 한 가지 선택만이 있는 것이 아니고 복수의 선택도 있다.

예를 들어 식사의 경우라면, 오늘 저녁을 먹을 것이냐 말 것이냐, 먹는다면 밥이냐 빵이냐, 밥이라면 쌀밥이냐 보리밥이냐, 쌀밥이라면 한 그릇이냐 두 그릇이냐, 혼자 먹을 것이냐 같이 먹을 것이냐 등등 수많은 경우의 수에 대해 의식적으로, 무의식적으로 선택을 해야 한다.

잠시 600년 전으로 돌아가보자. 1418년 일이다.

당시 조선 임금 태종은 자신의 후계자 문제로 골머리를 앓고 있었다. 이미 세자는 장남인 양녕대군이 있고, 장자 상속의 원칙대로 그를 차기 임금으로 등극시키면 일은 간단하다.

그러나 그는 이때 다른 선택을 생각하고 있었다. 이 피땀 흘려 일으킨 왕조를 천 년 만 년 반석 위에 올려놓는데 과연 양녕대군이 적임인가?

아시다시피 그는 이때 다른 선택을 했다. 즉 양녕대군을 폐세자하고 충녕대군을 세자로 책봉한 후 바로 왕위를 물려주었다.

500년 조선 역사에서 태종 이방원의 이 선택만큼 역사에 큰 충격파를 던진 선택이 있을까?

왕자의 난으로 이복형제들을 죽이고, 정몽주와 정도전 등 공신들을 죽이고, 사랑하는 원경왕후의 형제들까지 죽인 태종 이방원의 이 선택의 결과는 어찌 되었을까?

600년이 지난 오늘날 대한민국은 세종대왕이 창제한 한글의 어마어마한 문화적 동력에 힘입어 간난신고를 겪으면서도 세계 10위권의 경제선진국으로 우뚝 일어섰다.

한 사람의 세종대왕을 탄생시키기 위해 그 많은 사람들이 희생되었어야 하느냐는 물음에는 딱 부러진 답을 하긴 어렵다. 그러나 어쨌든 '또 다른 선택'이 '또 다른 결과'를 낳는다는 사실만은 부정할 수 없겠다.

예를 하나 더 들어보자.

1591년 초.

직전에 일본에서 돌아온 조선통신사의 상반된 보고를 받고 일본의 침략이 없을 것이라는 결론을 내린 선조.

그러나 아무래도 찜찜하여 남해안 경비를 강화해야겠다고 마음먹고 수군 지휘관을 물색할 때 떠오른 후보 중 한 사람 이순신.

이미 이산해와 정언신 등의 추천이 있었으나 사간원 등의 반대는 격렬했다. 종6품 정읍 현감을 일거에 정3품 수군절도사로 특진시키는 것은 불가하다는 것이었다.

평소 좌고우면의 머리굴리기에 능한 선조. 이번엔 우의정 류성용의 입김도 작용했지만 결국 전라좌수사 임명의 용단을 내리고 말았다.

그 결과는?

천하가 알듯이 이 선택이야말로 조선의 운명을 바꾼 구국의 결단이었다.

명량해전 유감

이중간첩 요시라의 꾀에 넘어간 선조는 이순신에게 바다에 나가 돌아오는 왜장 가토 기요마사를 쳐부수라 하였으나 이순신은 적의 기만술임을 감지하고 출동하지 않았다. 이에 선조는 왕명을 거역한 이순신을 파직하고 한성 감옥으로 끌어올린 다음 죽이려고 했다. 그러나 수많은 사람들의 구명운동으로 이순신은 사형만은 면하고 권율 휘하에서 백의종군을 명받는다.

그 사이 이순신의 뒤를 이어 삼도수군통제사가 된 원균은 칠천량해전에서 일본 수군에 궤멸적 패배를 당하고 전사한다.

선조는 다시 이순신을 삼도수군통제사로 임명한다. 이순신은 경상우수사 배설이 끌고 온 12척의 배와 김억추의 1척, 모두 13척의 배로 일본의 대함대 133척을 맞아 명량대첩을 이룬다.

자, 여기서 선택의 문제를 짚어보자.

첫째, 선조가 한성에서 멀리 떨어진 현장을 이순신에게 전적으로 위임한 이상 이순신의 판단을 존중해 함대의 운용에 간여하지 말거나, 잘못이 있었더라도 그간의 전공을 고려해 통 크게 불문 또는 징계 정도로 마무리하였다면 칠천량 비극은 피할 수 있지 않았을까? 이 점에서 선조(나아가서 조선)는 '더 나은 선택'의 기회를 놓쳤다고 봐야 할 것이다.

둘째, 굳이 원균을 이순신의 후임으로 임명해야만 했던가?

셋째, 배설의 행적이다.

칠천량해전 당시 배설은 조선 함대 최후미에서 눈치를 보다가 불리하자 휘하 장병들과 12척의 배로 탈주했다. 이때 그가 탈주하지 않고 용감하게 돌진해 장렬한 전사를 하였다면 조선 함대에 과연 12척의 배나마 남겨졌을까? 제아무리 이순신인들 배 없이 어찌 싸울 수 있었을까?

이듬해 배설은 권율에게 체포되어 탈영죄로 참수된다. 하지만 그가 남긴 12척의 배는 결국 이 나라를 구했으니, 그의 선택은 어떻게 평해야 할까? '인간의 악수가 신의 한 수'가 되었으니, 이는 실로 언어도단이랄 수밖에.

넷째, 왜 명량이었느냐는 것이다.

이순신이 강진 회령포에서 12척의 배를 인수했을 때 적군은 멀리 있었다. 이순신은 적군과의 거리를 유지하면서 계속 이진, 어란진, 장도, 벽파진으로 작전상 후퇴를 하면서 최종 결전지를 명량으로 선택했다.

왜 명량으로 선택했을까?

사실 이순신은 2년 전 관내 시찰 중에 이미 명량의 전략적 요충성을 인지했다고 보이는데, 여기에는 순찰사 이원익이 관련되어 있다.

그 무렵 명과 왜 간에 휴전협상으로 전투가 소강상태일 때 이순신은 어머니 면회를 위해 휴가를 신청했다. 그런데 평소 이순신을 무척 총애하던 이원익이 휴가를 내주지 않고 같이 남해순찰을 가게 되었다. 명량해전은 그 당시 이순신의 뇌리에 새겨진 기억의 산물이었다.

끝으로, 일본의 '어리석은 선택'도 있다.

명량해전에서 30척의 배를 잃었다 하나 이는 전체의 십분의 일도 안 되는 규모였다. 조선 함대는 탄약과 군량이 소진되어 익일 2차 공격도 감당키 어려운 지경이었는데도 일본은 스스로 후퇴하는 전술을 택했다.

태종의 세종 양위, 선조의 이순신 발탁과 파직, 배설의 탈주, 이순신의 명량, 왜군의 후퇴작전….
또 다른 선택은 또 다른 결과를 낳고, 그 모든 선택의 결과로 우리는 오늘 이 모습으로 살고 있다.

패전의 교훈

 한산대첩, 진주대첩, 행주대첩을 임진왜란의 삼대첩이라 부른다.

한산대첩은 해전이고, 진주대첩과 행주대첩은 육전이다.

한산대첩은 공격전의 승리였고, 진주대첩과 행주대첩은 방어전의 승리였다.

아무튼 예기치 못한 전쟁에서 연전연패하던 조선에 승리의 기록은 조정과 백성들에게 크나큰 심리적 위안감과 자신감을 안겨주었고, 이어지는 전쟁 국면을 유리하게 전환시키는 전략·전술적 의미로도 컸다.

그러나 임란 7년간 100여 회가 넘는 전투에서 승전보다는 패전의 기록이 훨씬 많다. 역사의 교훈을 살리려면 패전 기록도 승전 기록과 같은 기준으로 다루어야 할 것이다.

그럼 임진왜란의 삼대패전은 있는가?

삼대첩에 대응하여 삼대패전을 꼭 집어낼 필요는 없고, 가능하지도 않다.

그러나 7년전쟁에서 뼈아픈 패전 기록을 되돌아보고 역사의 교훈을 도출하는 것은 의미 있는 일이다.

7년전쟁에서 조선에 가장 뼈아픈 전투는 1593년 6월의 제2차 진주성전투였다.

이 전투에서 조선은 열흘간의 치열한 전투 끝에 결국 진주성이 함락되고 7만의 민관군이 전멸당했다. 한·일 역사에서 가장 참혹하고 뼈아픈 대학살 사건이라 해야 할 것이다.

1만 명이 희생된 1597년 8월의 남원전투도 상대적 피해 규모는 작지만 같은 성격의 전투다.

1592년 6월의 직산전투도 기억해야 한다. 이광, 권율 등의 휘하 5만 근왕병이 불과 2천 명의 와키자카 야스하루군에 어이없이 참패했다. 이때엔 접전 초반에 모두 도망을 했기 때문에 인명 피해는 그리 크지 않았다.

이들 패전의 공통점은 무엇인가?

한마디로 단일 지휘체계의 부재라고 할 수 있다.

제2차 진주전투에서는 관군과 의병, 명나라 군사가 다 제각각 행동했다. 사령탑인 도체찰사 류성용이 현장에도, 한성에도 있지 않고 자리를 비웠을 때였다.

남원전투에서도 조선군과 명군의 합동작전은 단일 지휘체계가 제대로 작동하지 않았다. 직산전투에서도 우세한 병력을 보유하고도 강력한 단일 지휘체계 부재로 전투력을 제대로 발휘하지 못했다.

한마디로 육전에서는 전투 경험과 무기체계의 약점도 있었지만 조선 수군과 같은 강력한 단일 지휘체제가 작동하지 못했던 것은 가장 큰 요인이었다.

20세기에 들어 6.25전쟁이 있었다. 이때 미군들은 겁쟁이 명나라 군사들과는 달리 목숨을 걸고 용감히 싸워 승리했다. 이때 그들은 10여 개 유엔참전국 군사들을 일사불란하게 지휘하는 능력을 유감없이 발휘했다.

효율성을 생명으로 하는 군대는 민주국가 군대이건 공산국가 군대이건 무엇보다 강력한 단일 지휘체계를 확립해야 한다.

패전국의 운명

 1945년 8월 15일.

일본은 연합국에 무조건 항복을 했다. 일본 본토는 미군 점령하에 들어가고, 만주와 한반도 북반부는 소련군 점령하에 들어갔다.

본토에 거주하던 일본인들은 미군 점령하에 어려운 생활을 강요받았으나 참고 견디는 수밖에 없었다. 문제는 해외거주 일본인들. 그들은 일단 본토로 돌아가는 게 급선무였다.

만주와 한반도에서 살던 일본인들도 마찬가지였다. 그중 만주에 주둔하던 관동군은 소련에 항복, 시베리아와 중앙아시아 각지로 보내졌다.

한반도에 거주하던 약 78만의 민간인들도 비슷한 처지였다. 그중 많은 수가 38도선 이남으로 이동한 뒤 힘들게나마 본국으로 돌아갔다.

38도선에서 먼 함경도 거주민들 중에는 선편으로 월남해 귀국하는 이들도 많았다. 그러나 38도선의 출입통제가 삼엄해지면서 일본인들은 흥남항을 통한 해로 탈출에 주력했다.

본래 흥남은 일본이 만주국을 경영하기 위해 개발한 산업기지다. 그 일대엔 각종 화학공장과 발전소 시설이 많았는데, 이를 운용하려면 다수의 일본 기술자들이 필요했다. 그런데 소련은 이들을 억류하려고 했다.

일본 거주민들은 갖은 설득과 청원, 돈을 써가면서 배를 구해 '흥남철수작전'을 펼쳤다. 그러나 종전 후 5년이 지나도록 그들의 흥남철수작전은 완료되지 못했고, 그러는 중에 6.25 전쟁이 발발해 유엔군의 공습과 폭격으로 사망자가 나오기 시작했다.

1950년 말, 이번에는 북한 피난민들이 대규모 흥남철수작전을 전개했다. 불과 한 달 만에 수십만의 북한 피난민들이 남한으로 탈출한 흥남철수는 그야말로 민족 대이동이었다.

임진왜란과 태평양전쟁, 6.25 전쟁.
이 모든 전쟁을 관통하는 공통 메시지는 무얼까?

그것은 다름 아닌 나라를 잃은 국민들이 겪어야 하는 말할 수 없는 고통이다.

국민들은 평소 병역과 납세의 의무를 지며 고된 삶을 영위하다가 전쟁이 터지면 오갈 데 없는 난민 신세를 면치 못한다. 조선 백성이건, 일본 국민이건, 남북한 주민이건.

이 얼마나 고통스러운가.

음주 전통

조선 수군들은 고된 현역 복무 중에 어떻게 여가 시간을 보냈을까? 특히 격군(노 젓는 병사)은 전체 병력의 절반을 차지하는데, 전투가 없을 때는 노 젓는 훈련만 했을까?

수군 부대는 항시 병력이 부족했다. 그래서 각자 맡은 일이 한 가지만이 아니었을 터, 그만큼 할일이 많았다.

당시는 또 대부분의 일이 수작업으로 이뤄지던 시대여서 전투가 없다 하여 결코 한가하지는 못했을 것이다. 어쩌다 여가시간이 나더라도 영외활동을 자유로이 할 수도 없었을 테고, 그렇다고 영내에서 즐길만한 여가활동 거리도 별반 없었을 것이다.

하지만 그 시대에도 피로와 스트레스를 풀 거리가 있었으니, 바로 술이다. 예나 지금이나 술은 시대를 막론하고 빠질 수 없는 피로회복제(?)였다.

술에 대한 기록은 난중일기에도 꽤 눈에 띈다.

갑오년(1594년) 4월 3일.

삼도의 전쟁한 군사들에게 술 천팔십 동이를 먹였다. 우수사와 충청수사도 같이 앉아 군사들에게 먹였다.

동 4월 4일.

장흥부사(황세득)가 술과 음식을 가지고 와 종일 조용히 이야기를 나누었다.

동 4월 12일.

우수사(이억기)와 경상수사(원균), 충청수사(구사직)가 함께 왔다. 술이 세 순배 돌자 원 수사가 거짓으로 술에 취한 체하고 광기를 마구 부려… (후략)

동 4월 14일.

(전략) …매우 취해서 작별을 고하고 내 배로 돌아왔다. 저녁에 충청수사(구사직)의 배에 가서 이별주를 마셨다.

동 4월 23일.

곤양군수 이광악이 술을 가지고 왔다. (중략) 나도 잠시 취했다.

동 4월 29일.

오늘 우도에서 삼도의 전쟁한 군사들에게 술을 먹였다.

이렇듯 4월 한 달 동안에만도 여섯 차례의 술자리가 있었다. 이는 본영 내의 경우인데, 본영 밖에서의 술자리도 있었다.

동 8월 17일.

(원수 권율과 사천에서 만나) 가지고 간 술을 마시자고 청하여 8순을 돌렸는데, 원수가 몹시 취하여서 자리를 파하였다.

동 8월 18일.

아침식사 후에 도원수가 청하므로 나아가 이야기했다. 또 작은 술상을 차렸는데 크게 취해서 아뢰고 돌아왔다. 원수사(원균)는 취해 일어나지도 못하고… (후략)

전쟁 중에는 언제 어디서 전투가 벌어져 생사를 가를지 모르는 긴장의 연속이다. 이런 상황에서 유일한 낙이랄까 위로는 아마도 술밖엔 없었으리라.

그런데 당시엔 문관들도 술자리 기회가 많았던 듯하다. 그리고 영조를 제외하면 조선의 왕 중에서 술을 마다한 이는 별로 없는 듯하다.

궁중의 경조사를 비롯해 대신들의 사적인 경조사 또한 많았다. 그러므로 자연히 술을 접하는 기회가 많았을 것이다.

게다가 외국 사신 접반의 경우도 많았다. 중국 사신이 내조하면 임금이 직접 맞이하여 7순배를 돌려야 했다. 다른 나라의 사신들은 예조판서가 맞아 5순배를 돌려야 했다.

당시 조선 술의 도수가 몇 도인지는 모른다. 어쨌거나 술을 안 마시고는 행세를 하기 어려웠던 게 조선사회의 관습이었다. 그 미풍양속(?)은 오늘날에도 이어진다.

집안 분열

 1592년 4월 30일.

신립의 탄금대 패전 소식을 접한 선조는 신하들과의 짧은 논란 끝에 몽진 길에 오른다. 일단 평양을 향하여.

선조 일행이 돈의문을 나서기 무섭게 경복궁은 화염에 휩싸인다. 창덕궁과 창경궁은 물론이고 노비문서를 보관 중이던 장예원, 그리고 임해군과 병조판서 홍여순의 집도 불타버렸다.

아무리 전시라고는 하나, 어찌하여 적군도 아닌 우리 백성들이 방화를 저질렀을까?

한마디로 임금과 사대부들이 백성들의 인심을 얻지 못했고, 백성들 또한 마음으로 임금이나 지배계급을 따르지 않았기 때문이다.

전쟁이 진행되면서 왜군은 하삼도(경상, 전라, 충청도) 점령지의 '일본화'를 위해 유화책과 강압책을 동시에 실행한다.

"마을로 돌아와서 평소대로 농사를 짓는 자들은 지난 죄를 묻지 않고 20~30%의 세금만 내면 된다."
"숨어 있는 관리나 지주들의 은신처를 알려주거나, 이들을 체포해오는 자들에게는 후한 상을 줄 것이다."

이에 적잖은 백성들이 고향으로 돌아와 쌀을 추수하여 스스로의 기아를 면하고, 왜군의 군량미를 대어준다. 개중에는 자기 고을 수령이나 지주들의 은신처를 밀고하거나, 심지어 포박하여 왜군에게 넘기는 무리들도 나타났다.
이는 대부분 어쩔 수 없는 자기보호 수단이기는 하였으나 더러는 가렴주구 수령이나 악덕 지주에 대한 앙심에서 나온 것이리라.
아무튼 왜군은 이렇게 손쉽게 조선 지배층을 말살시키고, 백성과 지배층을 이간시켜 꿩 먹고 알 먹기 식민통치를 펼치려고 했다.
지구는 스스로 자전하면서 태양의 주위를 공전한다. 인류의 역사도 스스로 되풀이하면서 조금씩 진화하는 모양이다.

임란 7년간에 일어났던 민족사의 비극이 20세기에도 되풀이되고 있다. 제주 4.3사건, 여순반란사건, 5.18광주민주화운동….

원인 제공은 언제나 이웃 강대국인데, 피해는 언제나 우리 자신이다. 옛날에는 봉건시대의 무지몽매 때문에, 현대에는 주체 못 하는 이념 과잉 때문에.

공평한 인사(?)

임진왜란 발발 초기, 경상좌수사 박홍은 첩을 앞세우고 도주하는 데 최선봉이었다. 그 많은 휘하 병력과 함대의 전투 기록은 아예 없다. 그의 유일한 공적은 선조에게 "왜적이 쳐들어 왔소이다"라는 보고서를 올린 것 하나뿐이다.

거기 비하면 경상우수사 원균은 한참 위다. 그도 처음엔 함대를 자침시키고 부대를 해산했지만 종적을 감추지는 않았다.

1592년 5월 전라좌수영에서 1차 출정을 감행한 이순신 함대가 옥포에서 왜적과 첫 전투를 할 때 그는 4척의 함선을 이끌고 이순신 함대에 합류했다. 이순신의 입장에선 70척의 대선단을 잃어버리고 겨우 4척 함선으로 합류해 승리의 공을 나누자고 하는 그의 철면피에 어이가 없었겠지만, 한 척의 배, 한 명의 병사가 아쉬웠던 이순신으로서는 이런 일로 작전에 차질을 빚을 수는 없었다. 2차 출전, 3차 출전, 4차 출전에도 원균은 계속 참전했다. 그에 따라 약간의 전공도 세운 게 사실이다.

문제는 그 과정이다.

원균은 경상우수사로 직위상 이순신과 동급인데다, 이순신보다 5세 연상이었다. 관직 경력도 이순신보다 훨씬 앞서 있었다.

그러다보니 이순신은 작전계획 수립 단계부터 난처한 입장이 아닐 수 없었다. 사단급 작전에 겨우 중대급 전력을 보태주는 격이지만, 동급 지휘관의 입장과 체면을 고려하지 않을 수 없다보니 일사불란한 지휘권 발휘에 큰 지장이 아닐 수 없었을 것이다(반면에 전라우수사 이억기는 이순신 함대와 비슷한 규모의 전력을 제공하면서도 이순신에게 지휘권을 일임했다).

경상우수영이 적군에 넘어가 모항조차 없는 떠돌이 소함대. 군량과 무기 자급자족 능력도 없는 저들을 뒷바라지 해가면서 직속부대처럼 지휘도 못 하다니!

치열한 전투 현장에서의 임전태세 또한 이순신 부대와 원균 부대는 판이했다.

이순신은 전투에 임하여 한 척이라도 더 많은 적함을 격파, 분멸하면서도 적군의 목을 따서 공로를 얻으려는 것을 억제한 반면, 원균 부대는 이순신 부대가 죽인 왜군의 목을 따서 자기네 공으로 하는 데 눈이 어두워 전장의 질서를 어지럽히곤 했다.

두 사람의 이러한 갈등을 알게 된 조정에서는 군의 생명인 단일 지휘체제 확립을 위해 이순신을 삼도수군통제사로 임명해 서열을 분명히 했으나, 그래도 가라앉지 않아 결국엔 원균을 충청병사로 임명해 둘을 떼어놓았다.

그러나 이후에도 두 사람의 악연은 끊어지지 않았다. 이순신의 삼도수군통제사 자리를 차지한 원균은 칠천량에서 조선 수군을 궤멸시키고 자신도 전사했으며, 그 바톤을 이어 받은 이순신은 명량에서 빈사 직전의 조선 수군을 되살려냈다.

기적의 수군 재건

1597년 9월 16일, 명량해전에서 승리한 이순신 함대는 왜적 함대를 추격하지 않고 그 반대로 서해안으로 북상했다. 비록 이날 전투에서 적선 31척을 격침시켰으나 적의 주력은 아직 건재하고, 바로 다음날이라도 진도 바깥 바다 쪽으로 우회 공격해 오면 전력이 소진된 13척의 함대로는 감당 불능이기 때문이었다.

천만다행으로 적의 후속 공격은 없었다.

백의종군 중에 삼도수군통제사로 재임명을 받은 이순신.

그때 이미 그는 배설이 이끌고 도주한 12척 군함의 존재를 듣기는 했지만 수백 척의 일본 함대에 비하면 조족지혈도 안 되는 아군 전력에 망연자실한 상태였다.

동양 최강의 함대가 불과 다섯 달 사이에 궤멸되다니!

명량해전의 승리는 당장 급한 한숨을 돌린 것에 불과했

다. 수군 함대를 하루 빨리 재건하지 않으면 조선은 결국 없어진다.

이 초조함과 절박감은 이제껏 이순신이 어느 전투에서도 느끼지 못했던 중압감이었으리라.

그의 함대는 처음으로 서해안을 항진, 고군산 군도까지 북상하면서 조금씩 전력을 회복한 후 다시 회항해 동년 10월 29일 목포 고하도에 도착, 이듬해 2월 17일 고금도로 옮기기까지 108일간을 주둔하며 전력을 재정비했다. 밤낮을 가리지 않고 초스피드로 신 함선을 건조하고, 병력을 충원한 것이다.

고금도로 옮긴 후 7월 16일, 진린이 이끄는 명나라 수군이 도착하고, 7월 19일 100여 척의 왜적 함대가 내습했다. 전투결과는 진린 함대가 손을 놓고 구경하는 상태에서 아군 함대만으로 왜선 분멸 50척을 기록한 대승이었다.

조·명연합군의 전시작전권, 양군간의 공적 다툼 등의 갈등은 잠시 덮어두고, 여기서 주목해야 할 게 있다.

당시 조선 수군의 판옥선이 85척이었다는 사실!

열 달 전 명량해전 당시의 전함이 13척이었는데, 그새 72척이 늘었다. 한 달에 평균 7척의 판옥선을 건조했다는 말이다. 병력도 2,000여 명에서 17,000명으로 늘었으니 이 또한 경이적이다.

거의 궤멸된 조선 수군을 하루 빨리 재건하기 위한 이순신과 휘하 장병들의 절박함과 피나는 노력은 상상을 절하는 것이었다. 실제 1년도 안 되는 기간에 13척의 초미니 함대를 동양 최강의 함대로 부활시킨 저들의 애국심과 열정에 대하여는 머리 숙여 깊이 감사하고 경의를 표할 뿐이다.

이순신과 원균

 난중일기를 읽은 독자들은 말한다.
도대체 이순신은 왜 원균에 대해 심하게 험담하는가? 원균은 그러지 않는데.

허나, 이는 그럴 수밖에 없는 게, 이순신은 난중일기에 기록을 남겼고, 원균은 일기를 쓰지 않았기 때문이다. 이순신이 일기를 쓰지 않고 원균이 난중일기를 썼다면 결과는 그 반대가 될 수도 있다.

이순신이 삼도수군통제사에서 파직되고 원균이 그 직을 인수받았을 때의 상황을 보면 알 수 있다.

그 당시 원균은 친척 어른을 찾아가 이렇게 말했다.

"제가 드디어 이순신의 삼도수군통제사 직을 받아 통쾌하옵니다."

그러자 그 어른은 이렇게 충고했다.

"직책으로 한풀이 말고 그 중책을 완수하는 데 힘쓰라."

그럼 이순신의 원균에 대한 불만은 왜, 언제, 어디서부터였을까?

실제 상황은 알 수 없으나 기록상으로 미뤄보면 금방 답이 나온다.

첫째는 임란 발발 초기이다.

임란 발발 당시 이순신의 전라좌수영은 5관 5포에 전함 24척이었고, 원균은 그 세 배의 관할구역과 함대(73척)를 보유하고 있었다. 그러나 정작 임란 발발 당시 원균의 행적은 해괴한(이순신이 보기에) 것이었다.

원균은 자기 함대를 모두 자침시키고 도주하다가 생각을 바꿔 이순신 함대에 구원을 요청했는데, 구원을 빨리 오지 않는다고 이순신을 매우 원망했다.

그러나 당시는 지역 사령관이 임금의 허락 없이 관할구역 밖으로 군사를 움직이는 것은 모반으로 간주되던 시기였다. 이순신이 엄정한 국법을 준수하며 원균을 달래야 했던 고충에 대하여는 그에 상응한 고려가 있어야 한다.

둘째는 옥포해전 전후다.

1592년 5월 4일, 이순신이 조정의 출정 허가를 받아 함선 23척을 거느리고 경상좌수영 해역에 진입했을 때 당해 수역 사령관인 원균이 거느리고 나온 함선은 겨우 4척이었다. 나머지 함선 69척은 도대체 어디로 갔는가? 원균에 대한 이순신의 평가가 좋을 수가 없었다.

그럼에도 불구하고 옥포해전에서 승리하자 원균은 이순신에게 경상우수군과 전라좌수군의 공동 승리로 조정에 장계를 올리자고 했다. 그러나 이순신은 부하 장군들의 독촉에 못 이겨 독자적으로 장계를 올렸고, 이 일로 둘의 관계는 일찌감치 파탄이 났다.

이후 6년간 둘의 관계는 호전의 기미 없이 악화일로를 걸었다. 전쟁 중에 두 최고지휘관의 갈등을 적절히 해결하지 못한 임금의 무능 인사로 인해 끝내 조선은 칠천량해전의 참패를 초래하고 말았다.

너무나 상반된 두 사람의 캐릭터.

거기엔 또한 막후세력간의 역학관계도 없지 않다.

이순신의 버팀목이었던 류성용과 원균의 버팀목이었던 윤두수, 윤근수 형제.

류성용은 오로지 이순신의 능력을 인정해줬을 뿐이다. 그러나 윤두수 형제는 원균의 사돈으로 국정에 사적 인맥을 끌어들였다. 이것이 조선의 비극이었다고 하면 지나친 이야기일까?

침략군 장수들

 **고니시 유키나가(1557~1600)**

사카이의 약종상 아들로 태어남.

초기에는 우키타씨에 종사하다가 1580년 이후 히데요시에 종사. 1585년 사이카 토벌 때 수군 활약이 뛰어나 '바다의 사령관'이란 별명을 얻음. 이후 각 지방의 소요 진압 공로로 15만 석의 다이묘(영주)가 됨.

임진왜란 때에는 1군 사령관으로 조선에 상륙, 4월에 부산, 5월에 한양, 6월에 평양 점령. 그 후 명나라 심유경과 더불어 강화교섭에 노력했으나 불발.

1584년 그리스도교에 귀의, 돈 아구스틴의 세례명을 받음. 그의 딸은 마리아, 조선에서 납치한 여아는 줄리아.

정유재란 때 다시 선봉으로 조선에 침입. 이시다 미츠나리와 더불어 계속 주화파로 활동, 주전파인 가토 기요마사와 대립.

왜란 후 1600년의 세키가하라 전투에서 서군으로 도쿠가와 이에야스 편에 맞섰으나 패전, 체포되어 교토에서 참형됨.

가토 기요마사(1562~1611)

아명 도라노 스케(호랑이 자식).

어머니는 히데요시의 생모와 종자매.

어려서부터 히데요시에게 종사.

1583년 시즈카다케 전투에서 7본창의 1인으로 용명을 떨침. 이후 계속된 전투에서의 군공으로 20만 석의 다이묘로 승진하고 구마모토 성주가 됨.

임진왜란 때에는 2군 사령관으로 조선에 상륙, 고니시 유키나가와 선두를 다투었고, 함경도에서 임해군, 순화군 두 왕자를 생포, 두만강을 건너 여진족 영지까지 침입했다가 돌아옴.

울산성을 거점으로 조·명연합군과 끈질긴 전투를 전개, 왜 주전파의 대표주자로 고니시 유키나가와 대립.

세키가하라 전투에서는 히데요시가 아닌 도쿠가와 이에야스 편에서 참전해 승리, 불교도로서 일련종파.

조선의 사명당과도 수차례 만나 강화교섭을 추진했으나

성과는 별무.

1611년 구마모토 성에서 병사.

사야카의 귀순

1592년 4월.
가토 기요마사의 우선봉장으로 조선에 상륙한 사야카는 조선군과의 교전이 있기도 전인 4월 15일에 조선 백성들에게 고하는 효유서(曉諭書)를 여기저기 부착한다.

"한 사람도 해치지 않을 테니 숨거나 피하지 말고 안심하고 농사지으라. 우리 군인 중에서 한 사람이라도 횡포하거나 노략질하는 자가 있다면 군율에 따라 죽일 터이니, 내 뜻을 알아주기 바란다."

이어 4월 20일에는 "일본국 우선봉장 사야카는 삼가 목욕재계하고 머리 숙여 조선국 절도사 합하(경상도 병마절도사 박진)에게 귀순"의 글을 올리고 3천 명의 부하와 더불어 조선에 귀순한다.

귀순 후 사야카는 스스로 나아가 여러 전투에 참전하여 많은 공을 세운다. 조선의 병기가 부실함을 보고는 총포와 화약 제조 기술을 전하여 선조로부터 '김충선'이라는 성과 이름을 하사받는다. 가선대부, 자헌대부의 관직과 사패지를 하사받았으나 그때마다 과분하다며 이를 사양한다.

왜란 종전 후인 1600년(29세)에는 조선 여인과 결혼하여 다섯 아들을 둔다. 인조 때에는 이괄의 난을 진압하는데 수훈을 세우고, 병자호란 때까지 많은 전공을 세운다.

대체 이 사람은 누구인가?

사야카가 본명은 아닐 것이다. 고향에 남은 가족 친지들의 멸문지화를 피하기 위해서는 절대로 본명을 쓸 수 없었을 테니 말이다.

그러나 가명을 썼다고 직속상관인 가토 기요마사가 그의 정체를 몰랐을까?

그가 거느린 3천 명의 부하가 한 명의 이탈자도 없이 전원일치로 귀순하였을까?

그의 고향은 어디였을까?

조선으로 건너올 때 그의 나이 21세(1571년생)였다고 한다. 도해 직전 그는 조상의 묘를 찾아 예를 올렸고, 고향에는 7형제와 두 아내를 두었다 한다. 두 아내라면 당시의 풍습으로 미루어 정처와 측실이리라.

놀라운 것은 그의 문장이다.

그의 효유서며 귀순서, 그리고 귀화 후 이덕형, 정철, 권율, 이순신, 곽재우 등과 교신한 글을 보면 20대 무인의 글이라고는 도저히 믿기 어려운 수준이다.

조선의 이삼평과 심수관이 일본으로 건너가 도자기의 원조가 되었지만, 그들은 포로 신분이어서 제 발로 귀화한 사야카와는 다르다. 역사에 귀화인이 부지기수이나 이와 비슷한 경우는 전무후무하다.

각설, 430년이 흐르는 동안 그의 후손은 이 땅에서 번성하여 7천명에 이른다고 한다. 그중에는 제27대 법무부 장관을 지낸 김치열 씨 등 대한민국 발전에 기여한 인사도 많다. 앞으로도 더 이어지리라 본다.

대장에게 곤장 맞는 중장

1597년 2월 26일.

원균은 파직되어 한양으로 압송된 이순신의 뒤를 이어 제2대 삼도수군통제사가 되었다. 이순신보다 5세 연장이요, 과거 급제와 군 보직 등 모든 면에서 이순신보다 앞서다가 자기보다 먼저 통제사가 된 이순신 휘하에서 열등감과 반발심으로 괴로워하던 그는 어린아이처럼 기뻤다.

그는 부임 당일 인척인 안중홍을 찾아가 통제사가 되었음을 자랑스러워했다.

"나는 통제사의 지위보다도 이순신에게 치욕을 갚은 것이 통쾌합니다."

그러자 안중홍이 이렇게 답했다고 한다.

"적을 격파하여 이순신보다 큰 공을 세워야지, 어찌 직위로 통쾌하다 하는가?"

6년 전 주위의 반대를 무릅쓰고 이순신을 전라좌수사로

임명한 선조. 이번에는 어쭙잖은 이유로 그를 파직하고 원균을 임명하는 조선 최악의 인사를 시행함으로써 엄청난 비극을 초래하게 될 줄은 아직 몰랐을 것이다.

통제사로 부임한 원균은 태도부터 달라졌다. 이제껏 그는 "이순신은 용감하게 출격하여 적을 치려 하지 않고 머뭇거리면서, 육군이 남해안의 적을 쳐서 바다 쪽으로 밀어내어 주기만을 손 놓고 기다린다"고 비난했는데, 그 말이 바뀐 것이다.

통제사가 되자 말부터 바꾸는 원균의 태도에 분노한 직속상관 도체찰사 이원익과 도원수 권율은 원균에게 원래 주장대로 단독 출격을 명했다.

그러자 원균은 도체찰사와 도원수를 건너뛰어 직접 조정에 수륙합동작전을 윤허해주기를 요청했고, 선조는 이를 받아들였다. 일사불란해야 할 군의 지휘체계가 무너진 것이다.

정유년(1597년) 7월 12일, 도원수 권율은 한산도의 원균에게 곤양(경남 사천) 출두를 명했다. 그리고는 지난 8~9일 절영도 출동 당시 충청수사와 전라우수사만 내보내고 본인은 출동하지 않은 것을 문책하고 곤장을 쳤다. 오늘날의 기준으로 본다면 대장이 중장에게 곤장을 친 것이다.

서로의 작전개념이 다르다 보니 상관의 지시가 통하지 않고, 이것이 명령불복종으로 이어지고, 이런 웃지 못할 희극이 벌어졌다.

적전에서 지휘체계가 붕괴된 군대.

그때 이미 군대는 조직이 아니라 집단으로 전락했고, 불과 닷새 후 조선 수군은 칠천량 패전이라는 엄청난 비극을 맞이한다.

5년 전인 1592년 6월의 직산전투 때에도 조선은 5만 병력이었으나 지휘체계가 확립되지 않아 2천 명도 안 되는 왜장 와키자카 야스하루의 군대에 패주한 기록이 있다. 그때는 그나마 육전이었기에 도망이라도 갈 수 있었으나, 칠천량에서는 160척의 함선과 13,000여 명의 병력이 고스란히 수장되고 말았다.

아! 이 비극의 최고책임자는 과연 누구인가?

울돌목

조·일전쟁 7년간 우리는 몇 차례의 전투를 치렀나? 군단급 전투도 있었고 소대급 전투도 뒤섞여 있기에 사실 전투의 횟수에 큰 의미를 두기보다 그저 100회를 훨씬 넘는 전투가 있었다고만 해도 될 것이다.

그중에서 해전의 경우만을 따로 떼어보면, 마찬가지로 대소 전투가 섞여 있어 보는 기준에 따라 23회로 볼 수도 있고 45회로 볼 수도 있겠다.

그중에서 가장 큰 해전은 어느 전투였을까?

함선의 피해 규모를 기준으로 볼 때는 단연 노량해전이다.

조·일간의 최후 결전이었던 이 전투에서 일본은 200척을 상회하는 피해를 입었다고 한다. 한산도해전과 부산포해전에서도 각각 100척 내외의 함선 피해가 기록되고 있다.

그러나 함선 피해를 포함해 병력 손실과 전략적 중요성까지 고려할 때는 이야기가 달라진다.

일본의 입장에서 볼 때 가장 치명적 패배는 한산도해전이며, 조선의 입장에서 볼 때는 칠천량해전이다.

일본은 한산도해전에서 패배함으로써 남해의 제해권을 상실, 대륙정복 전략을 송두리째 수정할 수밖에 없었다.

조선의 칠천량해전도 나라의 운명을 풍전등화로 만든 최대의 위기였다.

1597년 2월, 이순신이 파직되면서 원균에게 삼도수군통제사 직을 넘겨줄 때 인계목록에는 132척의 함선과 13,400명의 병력이 있었다. 그러나 칠천량 패전 후 이순신에게 넘겨진 것은 13척의 배와 10여 명의 장병이 전부였다. 산술적으로 볼 때 119척의 함선과 13,000여 명의 병력이 칠천량해전에서 증발되었던 것이다.

당시 최고지휘부는 전멸하고, 피해 규모 파악조차 불가능한 상태였다. 제해권은 완전히 일본에 넘어갔다. 전라도 함락과, 나아가 조선의 운명 또한 바람 앞의 촛불. 이 백척간두의 위기에서 이루어낸 명량대첩이라니!

일본이 남해 제해권을 상당 부분 장악했으나 서해를 돌아 한양을 연결하는 전략은 실현 불가능했다. 반대로 황해를 이용한 명나라와 조선의 연합작전은 원만히 진행됨으로써 결국엔 일본군의 철수를 불러오게 되었다.

  백두산이 우리 민족의 탄생 성지라면, 울돌목은 우리 민족의 존영(存榮) 성지가 아니겠는가?

모름지기 대한민국 국민 된 이들, 울돌목에 서서 나라를 돌아보라!

코무덤과 왜덕산

1596년 9월.
명나라 신종 만력제로부터 일본 왕으로 책봉 받은 히데요시의 마음은 착잡했다.

"아니, 신의 아들인 내가 명 황제로부터 일본 왕 책봉을 받아? 일본 천황을 손아귀에 쥐고 흔드는 내가? 4년 전만 해도 일본의 수도를 베이징으로 옮기고, 천황을 그리로 옮긴 후, 닝보를 거점으로 천축국 정벌을 꿈꾸던 내가?"

무엇보다 조선과의 전쟁에서 육전은 성공적이었으나 수전에서 이순신에게 연패하다보니 전반적으로 전략 수정이 불가피했고, 명나라와의 강화교섭에서도 얻은 것이 없었다.
결국 5년에 걸친 전쟁을 통해 도해군 16만 중에서 전반을 잃고서 남은 것은 빈손.

조선에 대한 적개심, 증오심은 누를 길 없다.

요시(좋아)! 재출병이다!
중국, 인도 정벌은 잊어라.
오직 조선을 쓸어버려라!

아카쿠니(붉은 나라: 히데요시의 지도에는 조선의 전라도가 빨간색으로 칠해져 있었다)를 무인지경으로 만들고, 조선인들은 있는 대로 학살하라. 그리고 학살의 징표로 그들의 코를 베어 내게 바쳐라!

그로부터 1년 후.
일본 수군은 조선 수군을 거의 궤멸시키고 대망의 남해 제해권을 장악했다. 이제 서해로 들어서면 수로로 한양과 평양으로 연결되고, 중국의 산동과 요동 공격도 가능하게 된다.
그 분기점이 되는 울돌목에서 맞부딪친 13척의 조선 함대. 그 지휘관은 백의종군에서 풀려나 복직한 이순신.
일본 수군은 열 배가 넘는 전력으로도 또 한 번 무참한 패배를 당하고 수천 장병은 남해의 물귀신이 되었다.

전투가 끝나고 수없이 물 위에 떠오르는 일본군의 시체들. 조선인들은 그 수많은 시체들을 거두어 고이 장사를 지내고, 일본을 바라보는 산 언덕에 공동묘지를 만들어 오늘날까지 돌봐주고 있다.

이름하여 왜덕산.

교토의 코무덤은 죄 없는 조선인들의 원한을 묻은 곳.

진도 왜덕산은 조선을 침략한 왜군들의 혼을 달래주는 곳.

삶과 죽음의 의미는 이웃 두 나라에서 이토록 하늘 땅 차이다.

조선인의 목숨은 일개 전쟁광의 전리품으로, 그러나 일본인의 죽음은 조선에서 한껏 존엄한 대우를 받았다. 그리고 지금도 이어지고 있다.

그리하여 오늘날 교토에는 조선인의 코(126,000개)로 만들어진 코무덤이 여기저기 남아 있다.

1950년 12월 22일 저녁 흥남부두

 메러디스 빅토리(Meredith Victory) 호의 피난민 탑승이 시작되었다. 탑승은 다음날 정오경에 완료되었다.

탑승 인원은 10,401명.

아이를 업고 끌고 쏟아져 들어오는 피난민들을 세기 바빠 어른들만 센 숫자였다.

업히거나 손에 이끌려 탑승한 어린이가 어른 3명당 1명 정도였으므로 항해일지에 기록된 탑승인원은 14,000명이었다.

거기에다가 항해 중에 출생한 신생아 5명. 결국 최종 탑승자는 14,005명에 이른다.

훗날 이 배는 단일 선박으로 역사상 가장 많은 사람을 구한 배로 기네스북에 올랐다.

그중에는 우리 가족 8명도 포함되었다.

애초에 민간인들은 이 배의 탑승 대상이 아니었다. 그러나 북한 공산체제를 탈출해 나오는 이들을 탑승시켜야 한다고 맨 처음 생각한 것은 한국인 현봉학 박사.

그의 말을 듣고 화물선에 탑승시킬 방안을 강구한 건 미 7사단 참모장 포니 대령, 그의 제안을 받아들여 탑승 결정을 내린 건 사단장 아몬드 장군, 군의 문의에 대하여 피난민 탑승을 허락한 사람은 라루에 선장, 실제 탑승을 지휘한 것은 밥 러니 일등항해사. 그는 100명만 태울 수도, 1,000명만 태울 수도 있었지만 실제 14,000명을 태웠다.

며칠 전 러니 항해사가 뉴욕에서 타계했다. 향년 93세.

나는 흥남철수작전기념사업회장으로서 즉시 유가족에게 위로 편지를 보냈다.

3면이 바다로 둘러싸인 우리 한반도.

그러다보니 나의 일생도 바다를 떼어 놓고는 생각할 수 없다는 생각이 든다.

400년 전엔 남해 바다에서 이순신 장군이 왜침을 막아 주어 오늘날 대한민국이 존재할 수 있도록 해주었고, 70년 전에는 서해에서 미군이 인천상륙작전을 성공시켜 서울을 탈환해 주었으며, 곧이어 동해상에서 메러디스 빅토리 호가 성공적인 철수작전을 수행해 오늘 내가 여기 있는 것이다.

바다….

지구는 29%의 육지와 71%의 바다 면적으로 이루어져 있다. 우리나라는 지표의 5천분의 1이지만, 그 역할은 엄청나다.

'태양의 아들'의 큰소리

1592년 5월 16일 도요토미 히데요시는 오랫동안 가슴속에 품고 있던 욕망을 세상에 드러냈다. 유명한 삼국 처치의 주인장(붉은 도장을 찍은 문서)이다. 한마디로 동양평화를 파괴하는, 아시아 정복 계획이다.

일본 땅은 너무 좁으니 수도를 중국 북경으로 옮기고, 그곳에 천황을 모셔와 주변의 10개국(작은 나라)을 황실의 영지로 진상하고, 관백 히데츠구(히데요시의 조카)에게는 주변 100개국을 주고, 일본은 황태자에게, 조선은 양아들에게 준다. 그리고 나는 이를 매듭지은 후 닝보를 거점으로 하여 천축국(인도)을 정복할 것이다.

이는 아마테라스 오미가미(천조대신)의 일본 건국에 이어 태양의 아들인 자기가 아시아 정복을 통해 제2 건국을 하겠다는 야망의 표시였다.

과연 실현 가능성이 있었을까?

예나 지금이나 아시아에서 일본을 상대로 전쟁을 할 수 있는 나라는 중국 정도였다. 임진왜란 때의 왜군 대 조·명 연합군의 전적을 보더라도 15전 13승 1무 1패로, 일본의 일방적 승리였다. 이를 고려하면 실현 가능성은 충분하다 볼 수 있겠다.

단, 전쟁은 육군으로만 하는 게 아니라 수군 전투가 받쳐주어야 한다.

이듬해 히데요시는 필리핀에 있던 스페인 총독 앞으로 복속을 요구하는 서한을 보냈다. 고산국(대만)에 조공을 요구했으며, 인도의 고아에 있던 포르투갈 총독에게도 같은 요지의 서한을 보냈다. 한마디로 그는 해가 뜨고 지는 모든 땅이 자기에게 복속해야 한다고 큰소리쳤던 것이다.

그러나 그의 큰소리는 허공에 메아리 없이 사라졌다. 조선에 무적의 이순신 함대가 있음을 몰랐던 것이다.

오판의 연속

중세의 전쟁과 현대전의 차이는 과학기술의 발전에 따라 그 전개의 속도와 살상력에서 하늘과 땅 차이를 보인다.

현대에는 핵폭탄(그것도 초기의 소형 폭탄) 하나로 눈 깜짝할 사이에 10만 명을 살상하지만, 16세기에는 상상도 못 할 일이다.

임진왜란 중 단일 전투에서 가장 많은 인명살상을 기록한 제2차 진주성전투를 보자.

평양성을 뺏기고 조선 남해안으로 철수한 히데요시는 내국인들에게 조선 4개도를 점령하여 해외 영토를 획득하였음을 과시하고**(오판 1)**, 전년도의 패전 복수를 위해 다시 진주성을 공략할 것을 지시했다.

총력을 다 한 일본군의 진주 공격에 겁을 먹은 명군과 조선 관군은 강화교섭 진행 중이라는 이유로 이 싸움을 회피, 진주성을 포기했다. 성 안에는 목사 서예원과 창의사 김천일, 경상우병사 최경회 등 도합 6천 명의 군사뿐이었다(민간인은 6만 명).

벽제관 패전 이래 번번이 일본군과의 전투를 회피하는 명군. 그들은 무엇 하러 압록강을 건너 왔으며, 그들의 지시에 따라 내 나라 내 백성을 버려두고 전장을 떠나는 조선 관군은 무엇을 위한 존재였던가? **(오판 2)**

당시 조선에 진주했던 왜군 총병력은 9만여. 그 대다수가 1593년 6월 21일부터 29일까지 진주성을 공략했다. 결국 조선군 6천과 민간인 6만은 전멸하고, 왜군도 38,000명이나 전사했다.

이 전투에서 왜군은 24회의 공격 실패 후 25회 만에 성을 함락한 뒤 7만에 가까운 조선 민·군을 도륙했다. 그러나 전투 내용상으로는 패배한 것이었다. **(오판 3)**

이어 왜군은 히데요시의 명령에 따라 남원으로 진격코자 했으나 조선 의병에 가로막혀 구례에서 퇴각할 수밖에 없었다. **(오판 4)**

여하튼 진주성 함락이라는 일차목표를 달성한 히데요시는 대명, 남만 등 아시아 제국에 자기의 위명을 떨쳤다고 큰소리를 쳤다. 그 징표로 진주 목사 김시민(실제로는 서예

원)의 목을 교토의 주라쿠테이 다리에 효수했다. **(오판 5)**

　벽제관 전투 패배 후 기가 꺾인 명군도 명군이거니와, 그때 조선 관군만이라도, 아니 곽재우 등 인근 지방의 다른 의병들만이라도 합세했다면 아마 조선은 진주에서 또 하나의 대첩을 이루었을지 모른다.

　왜 그리 되지 못했을까?
　결론은 하나다.
　히데요시가 공명심에 넘치고 사태를 오판하는 등의 실수를 연발하였으나 좋건 나쁘건 진주성 함락이라는 초기 목표에 올인하는 동안 조선은 군 수뇌부와 임금마저도 바람 앞의 등불인 진주성을 나 몰라라 외면했던 것이다.
　히데요시는 내지에 있으면서도 쉴 새 없이 작전 명령을 내리고 장군 인사를 하였던 반면, 선조는 14남 11녀의 자녀와 수많은 비빈 때문에 바빴던지 왜군들의 동정을 파악하고 대응책을 마련하는 데는 전혀 무관심했던 것 같다.
　사랑하는 내 자식이 조폭에 맞아 죽든 말든 구경만 하고 있었던 우리 어른들.
　절대로, 절대로 후세들에게 이런 모습을 다시는 보이지 말아야 할 것이다.

관동대학살과 이순신

 일본은 환태평양 화산대 중에서 가장 인구밀도가 높은 나라다. 일본의 수도 도쿄는 특히나 인구밀도가 높다.

그 일본 도쿄에서 100년 전 오늘(1923. 9. 1) 자그마치 진도 8의 대지진이 일어나 10만이 넘는 사람이 죽고 엄청난 재산 피해를 입었다.

지진 안전지대에 있는 우리나라 사람들은 진도 8의 지진이 어떤 파괴력을 가지고 있는지, 지난 오천년을 통해 한 번도 체험한 적이 없으므로 이론상으로만 알 뿐이다. 진도 8은 진도 7의 2배, 진도 7은 진도 6의 2배… 라는 식으로.

우리나라는 유사 이래 최강 지진이 진도 5 정도다. 그러고 보면 진도 8은 진도 5의 8배이고, 이런 지진은 앞으로 오천년 후에나 있을 동 말 동의 확률이다.

더욱이 진도 8 정도의 지진은 한 번에 끝나는 것이 아니라 진도 7 또는 진도 6의 여진을 수 시간 또는 수일에 걸쳐 여러 차례 동반한다. 그래서 그 피해는 끝나기 전에는 가늠할 수 없다.

1923년 9월 1일 정오.

소위 말하는 관동대지진이 일어났다. 일본의 관동(간토) 지방은 도쿄뿐만 아니라 인근의 지바현, 가나가와현, 야마나시현 등을 포함하는 지역으로, 우리나라로 치면 서울, 경기 수도권에다가 강원, 충청도 일부까지 포함하는 광범위한 지대쯤으로 봐야 한다.

그 당시만 해도 일본의 지진예보 능력은 매우 취약했다. 건물의 내진설계도 미약한데다가 목조건물이 많아서 화재 등으로 인한 2차 피해가 극심했다.

그 청천벽력의 천재(天災)를 맞아 만인이 허둥지둥하는 사이에 믿을 수 없는 인재(人災)가 일어났다. 일본인들에 의한 조선인과 중국인의 대량학살 사건이 발생한 것이다.

"조선인들이 폭동을 일으켰다!"
"조선인들이 우물에 독약을 풀었다!"

이런 괴소문을 퍼뜨린 일본.

긴급피난의 와중에 누가 어떻게 폭동을 준비하며, 나와 가족의 목숨이 촌각인데 어느 누가 독약을 준비하여 우물에 푼단 말인가? 그 우물물을 다른 조선인은 마시지 않는가?

이런 말도 안 되는 상황이 열흘 넘게 지속되는 과정에서 죄 없는 조선인은 군부대 또는 자경단에 의해 수천 명이 죽었고(정확한 숫자는 아직도 모름), 거기에 휩쓸려 애꿎은 중국인과 소수의 일본인도 죽어 나갔다.

도대체 이 광기의 뿌리는 무엇일까?

두 갈래의 뿌리가 보인다.

첫째는, 300여 년 전 임진왜란 때에도 자주 보았던 일본인들의 잔인성이다.

생물학적인 잔인성 DNA가 따로 있는지 어떤지는 몰라도, 일본인의 민족성에는 자타의 목숨을 경시하는 잔인성의 피가 진하게 흐르는 것으로 보인다.

둘째는, 히데요시의 두려움과 관련된 역사적 인연이다. 도쿠가와 이에야스를 두려워했던 도요토미 히데요시가 그를 멀리 무사시노 들판의 에도로 보내려고 했고, 이를 이에야스가 받아들임으로써 결국 에도는 일본의 수도로 정착, 수많은 조선인과 중국인들을 비롯해 세계인이 모여드는 대도시가 되었다. 그 결과 이런 재앙을 불러오게 되었던 것이다.

히데요시가 조선 정벌에 성공하여 대륙으로 세력을 뻗쳤더라면 결코 에도가 오늘의 도쿄로 발전하지는 못했을 것임을 상도하면, 이 관동대학살과 결코 무관할 수 없는 이순신의 큰 그림자가 길게 비추고 있음을 찰지할 수 있지 않은가?

거북선의 개념 설계

이순신   등선육박전에 강한 왜적들과 싸우려면 뭔가 혁신적인 무기나 전술이 필요하지 않겠어?

나대용   그렇습니다. 왜적들과 같은 함선, 같은 무기, 같은 전술로는 절대 안 되죠. 저놈들의 칼은 매우 날카롭고, 칼싸움엔 귀신들이니까요.

이순신   맞아. 일단 접근전은 피해야 돼. 백병전을 하더라도 전세가 완전히 우리 편으로 기울어졌을 때 해야지, 초장부터 맞붙어선 안 된단 말이야.

나대용   접근전을 피하려면, 첫째로 우리 포의 사정거리가 적의 총 사정거리보다 길어 선제공격을 통한 거리 유지의 장점이 있을 것으로 보나, 적의 함선이 워낙 많을 때에는 이것도 한계가 있고요, 둘째로는 저놈들이 우리 배에 접근하여 등선을 하지 못하도록 배가 높아야 하고, 그에 따라 폭도 넓고 큰 배라야 하는데, 그런 면에서는 우리의 판옥선이 제격입니다.

이순신 태종대왕, 세종대왕께서 군함은 정말 잘 만드셨어. 그러나 판옥선도 척수가 비슷하거나 어느 정도 균형이 맞아야지, 압도적으로 많은 왜선들과 싸울 때는 역시 중과부적이야. 저놈들은 어떻게라도 갈고리를 걸고 기어오를 거란 말이야.

나대용 덮개를 씌운 귀선을 더 많이 만들어야겠네요.

이순신 덮개를 씌우면 방어력이 강해지지만, 그만큼 공격력도 약해지는 게 문제지.

나대용 귀선의 등판에 쇠못을 거꾸로 박아 아예 등선 자체를 불가능하게 만들어볼까요?

이순신 배에다 갑옷을 입힌단 말인가? 정말 기발한 착상이군. 그런데 그 많은 쇠 수요를 어떻게 감당한담?

나대용 모든 판옥선을 다 귀선으로 만들 수도, 만들 필요도 없고, 한 함대에 두세 척만이라도 만들어 돌격함으로 쓰면 큰 힘이 되리라 봅니다.

이순신 으음… 탁월한 아이디어야. 그런데 덮개의 무게 때문에 아무래도 속도가 떨어질 것 같은데, 어떻게 해결하지?

나대용 격군의 숫자가 동일한데 판옥선과 같은 속도를 내려면 판옥선보다는 조금 작게 만들어야죠.

이순신 그럼 포수와 사수의 숫자도 줄이나?

나대용 안 됩니다. 이 귀선은 돌격선으로 전투 초기에 앞장서서 적의 기함을 부수고 사기를 꺾기 위해 포수와 사수를 줄여서는 안 됩니다. 초기에 맹공격으로 적의 전투 의지를 꺾은 다음엔 후선으로 물러서도 되겠습니다만.

이순신 그럼 포수와 사수가 같은 공간에서 부딪치지 않도록 3층 구조로 해야겠네? 1층은 격군, 2층은 사수, 3층은 포수, 이런 식으로?

나대용 그리되면 배의 무게 중심이 높아져 안정성이 떨어집니다. 포의 명중율도 떨어지고, 무엇보다 전복의 우려가 큽니다. 1층은 격군의 수가 많으므로 그대로 쓰고, 포수와 사수는 같은 2층에서 효율적으로 움직일 수 있도록 동선 배치를 잘해야죠.

이순신 결국 2층 구조의 약간 납작한 돌격선이란 얘기군. 속도와 공격력을 모두 살릴 수 있는 구조이면서… 훌륭하구나, 자네의 지혜와 기술로 새로 건조될 귀선이 우리 함대의 위력을 배가시켜 남해를 지키고 나라를 지키고, 나아가 동양평화를 지킬 수 있다면 에서 더 큰 공이 어디 있을꼬? 장하다, 나대용!

조선성과 왜성

석조문화 유적으로 피라미드도 있고 신전이나 궁전도 많지만, 가장 대표적인 것은 역시 만리장성으로 대표되는 석성일 것이다. 그중에서 임란 시대의 조선성과 왜성에 대해 잠시 살펴보자.

먼저, 우리나라의 성과 왜성은 그 축조 목적이 서로 다르다.

조선 성은 외침이 있을 때 민·군·관이 동시에 피난하여 적의 공격을 막아내는 것이 주목적이었다. 그리하여 산악지대에는 산성, 평야지대에는 읍성을 쌓았는데, 적의 공격을 방어하는 데에 민·군의 구별이 없었다. 생사를 같이하기 때문이었다.

그러나 왜성은 다르다.

일본의 전국시대는 사무라이끼리 싸워서 승자가 피지배

계급인 백성들을 차지하기 때문에 백성들은 새로운 승자에게 복속하여 세금을 내기만 하면 되었다. 따라서 백성들 입장에서는 목숨을 걸고 침략자를 퇴치할 이유도 명분도 없었고, 사무라이들 입장에서는 더욱 악착같이 공격하고 방어할 필요가 있었다.

따라서 성의 위치도 공격이 어렵고 방어하기 유리한 곳을 선호했고, 성의 구조도 외성 함락 후에는 2차 보루, 다음엔 3차 보루가 있었으며, 최종적으로 천수각이 있었다. 그러다보니 임란 때 조선에 쌓은 왜성들은 일본 본토의 왜성들과는 규모나 구조에서 많은 차이가 난다.

당시 경상남도와 남해안에는 30여 개의 왜성이 쌓여졌다. 조선인 포로들을 동원해 단기간에 쌓다보니 규모도 작고 구조도 비교적 단순하다. 히데요시가 원정군 장수들에게 점령지는 점령군 사령관들에게 주겠다고 하였으나 그 말을 믿는 사람도 없었고, 전황도 반드시 유리하게 전개되지 않았기 때문에 모든 일이 일사분란하게 실천될 수가 없었다.

현재 경남 남해안 지역에는 임진왜란 당시에 쌓은 왜성이 기장왜성 외 13개소, 정유재란기에 쌓우 왜성이 양산애성 외 7개소, 그 외 건축연도 불명 왜성이 10개소 남아 있다. 대부분의 산성들은 400여 년 세월이 흐르는 동안 원형을 알아보기 힘들 정도로 붕괴되었다.

그러나 순천왜성이나 조선성인 낙안읍성, 해미읍성 등은 원형 보존 상태가 매우 양호하다. 이는 성의 건축도 야물지만 일본과 달리 지진이 없는 우리나라의 자연환경 덕분이라고도 보인다.

각설, 토성이나 목성에 비해 석성이 수명이 길지만 예외도 있다. 지금도 서울에는 몽촌토성, 풍납토성이 남아 있어 천여 년 전의 백제 역사를 말해주고 있다. 앞으로 인류가 달이나 화성에 지을 성은 어떤 성일지 궁금해진다.

광화문의 3 레전드

 1531년(중종 25년) 조선의 인구는 387만이었다. 1547년(명종 2년)의 인구는 416만.

그로부터 45년 후인 1592년, 임진왜란이 일어났다. 그 당시 조선의 추정 인구는 500만 전후.

그런데 당시의 문맹률은 90% 이상이었다. 정보화 시대인 오늘날에 비하면 엄청 높은 문맹률이다.

게다가 정보의 소스인 신문, 잡지, TV, 라디오가 없었다. 고속도로와 철도도 없었고, 전신, 전화 등의 교통·통신 체계도 갖추어져 있지 않았다.

이런 열악한 정보통신 체계에서 일반 국민들이 전쟁 진행 상황을 실시간으로 파악하고, 언제, 어디로, 어떻게 피난을 가야 할지 신속 정확하게 대응하는 것은 매우 어려웠을 것이다.

그들이 이순신이 누구이며, 그가 어떻게 왜적을 쳐부수

었나 하는 것을 제때 파악한 사람도 당시에는 당해 지역민들과 소수의 관련자 외에는 별로 없었을 것이다.

 사실 이순신이 누구이며, 어떤 업적을 이루었나 하는 것은 대부분 후대에 밝혀졌다.

 이순신이 선무 일등공신으로 선정된 것은 그나마 선조의 치세 중에 이루어졌지만, 그가 충무공으로 시호를 받은 것은 인조 때였고, 영의정으로 추승된 것은 정조 때였다.

 그럼 지금은 그의 업적 평가가 완전히 이루어졌는가?

 아니다!

 영국은 셰익스피어를 인도와 바꾸지 않겠다고 했다. 일본은 도요토미 히데요시를 시저나 나폴레옹과 비견한다. 그러나 우리는 이순신을 임진왜란의 명장 정도로만 추앙하고 있을 뿐이다.

 이순신은 일본의 침략을 분쇄해 히데요시의 명나라 정복, 나아가 인도 침략 야욕까지 분쇄해 동양평화를 수호하고 세계사의 흐름을 바꾼 영웅이다.

 그럼 이러한 영웅이 왜 제대로 된 평가를 받지 못했던 것일까?

첫째는 무지와 무관심이다.

문맹률 90%의 나라에서 제대로 된 역사적 인물 평가를 기대하기는 실로 어려운 일이다.

1953년 뉴질랜드인 힐러리가 영국 등반대를 이끌고 에베레스트를 정복하기까지 네팔 인들은 아무도 자기 나라의 산이 세계 최고봉임을 몰랐던 것과 마찬가지다.

우리나라에서 국민들에게 이순신의 업적이 제대로 전파된 것은 대한민국 건국 후 한글 교육이 전 국민 의무교육 제도로 일반화되고 나서 문맹률이 한 자리 수로 내린 후에야 가능해졌다. 이런 맥락에서 이순신의 역사적 평가가 제대로 이뤄지기 시작한 것은 한글을 펴내신 세종대왕과 한글 교육을 실시한 이승만 대통령의 공이라 아니 할 수 없다. 만약 광화문에 또 하나의 동상을 세운다면 이승만 대통령이 아닐까?

둘째는 국력이다.

약소국에서 위대한 인물이 태어나 성장하는 것도 어려운 일이지만, 이를 제대로 평가하고 현창하는 것은 국력의 뒷받침이 있어야 한다.

유사 이래 지구촌에서 살다 간 800억의 인간 중에는 세익스피어에 못지않은 대문호, 아인슈타인을 능가하는 과학자, 모차르트와 비견할 천재 음악가가 적잖이 나왔겠지만 모두 흔적도 없이 사라졌다. 그들은 뛰어난 재능을 타고났으나 싹을 틔우고 꽃을 피우지 못했을 뿐이며, 그 결정 요인은 국력이다.

우리나라도 그동안 다소 무관심하고 국력의 한계도 있었지만, 이젠 아니다.

우리도 바야흐로 우리나라의 보물을 세계의 보물로 당당히 내놓고 합당한 평가를 받아야 할 것이다.

일본인의 잔인성

1592년 5월 16일, 그 보름 전에 고니시 유키나가와 가토 기요마사의 조선의 한성 입성 보고를 받은 도요토미 히데요시는 유명한 3국 조치의 주인장(붉은 도장이 찍힌 문서)을 반포했다. 천황과 수도를 베이징으로 옮기고, 본인은 닝보를 거점으로 하여 천축국(인도)을 정복할 계획임을 공식 발표한 것이다(그때까지는 그의 수군이 이순신 함대를 만나 옥포, 합포, 적진포에서 박살이 났다는 보고는 받지 못했다).

이 문서를 보관하고 있는 곳이 가나자와의 마에다 가문이다.

일본의 3대 정원의 하나로 꼽히는 넓고 아름다운 정원 겐로쿠엔, 가문의 2대 영주 마에다 도시나가가 그의 거성 옆에 조성한 이 정원은 한국인 관광객도 많이 찾는다.

가나자와는 임진왜란의 전초기지인 히젠나고야와는 거

리가 멀다. 당시의 영주 마에다 도시이에(1539~1599)는 조선 침략 전에 직접 참여하지는 않았으나 도쿠가와 이에야스와 더불어 히데요시의 가장 가까운 중신이었다.

이 도시이에가 오다 노부나가에게 봉사할 때인 1560년 6월 12일, 오케하자마(지금의 아이치현 나고야 부근) 전투에서의 모습이 생생한 그림으로 남아 있다.

보다시피 말안장에 적군의 목 3개, 창끝에 목 하나를 꿰어 들고 있는 의기양양한 모습이다. 창의 명수로 20대 초반의 호기로운 기세를 뽐내는 모습이 그들이 볼 때는 장한 모습이었으리라. 그들은 잔인함이란 개념이 없었으니까. 이런 식으로 육십 평생을 살면서 그가 죽인 사람은 얼마나 될까?

도요토미 히데요시의 모습이다.

이 자가 자기 손으로 직접 죽인 사람은 많지 않다. 그러나 조선 정벌 전쟁을 일으킨 원흉으로 그가 죽인 일본인과 조선인의 수는 몇 십만인지 헤아리기 어렵다.

마오쩌둥, 스탈린, 히틀러, 메이지 일왕, 나폴레옹….

세상은 이런 대량 살상자들을 영웅이라 부른다.

'위대한 만남'의 불발

이순신은 54년 생애 중 마지막 7년전쟁 기간 구국 공적으로 우리 민족 불후의 영웅이 되었다. 단 한 번의 전투 승리로 영웅이 된 사람도 많고, 단 한 가지 발견이나 발명으로 역사에 이름을 남긴 과학자나 발명가도 많음을 생각하면 7년간의 수많은 전투에서 전승 기록을 세운 것은 정말 대단한 공적으로, 우연이나 행운으로 되는 일이 아니다.

그럼 무엇이 이순신의 이 전무후무한 기록의 요인일까?

투철한 애국심, 미래를 내다보고 대비하는 자세, 뛰어난 전략적 두뇌 등등 요인은 많다.

그중 하나로 그의 성격적 강직성을 들 수 있지 않을까?

그의 초지일관 전략 의지가 끝내는 일본의 대륙침략 의욕을 분쇄했기 때문이다.

그러나 그 강직성은 때로 소탐대실의 결과를 낳기도 한다.

그는 훈련원 봉사 시절 직속상관인 병부정랑 서익의 인사청탁을 거부했다. 모든 군인의 상사인 병조판서 김귀영이 자기 서녀를 소실로 주겠다는 제의도 거절했다. 발포 만호 시절에는 역시 직속상관인 전라좌수사 성박이 거문고를 만들기 위해 발포 관사의 오동나무를 베어오라는 명령도 거부했다.

형 요신의 친구로 어릴 적부터 가까이 지내던 류성용이 당시 이조판서이던 율곡 이이와의 만남을 주선했다. 이이와 이순신은 같은 덕수 이씨 문중으로, 나이는 이이가 9세 연상이었으나 항렬로는 조카뻘이었는데, 당시 관습으로 충분히 만날 명분이 서는 관계였다. 그러나 이순신은 이 제의도 거절했다. 이이가 조정 관리들의 인사를 담당하는 이조판서로 있는 동안에는 만날 수 없다는 이유였다.

아깝다.

그의 강직함이 그 자신의 양심과 체면 유지에는 필요했겠으나, 조선 최고의 문인 천재와 절세 영웅의 '위대한 만남'

은 이리하여 불발되고, 두 번 다시 기회는 오지 않았다.

실제 두 사람이 만났다면 정말 인사청탁 수준의 대화나 나누었을까?

수평선 너머에서 다가오는 전운을 바라보며 필시 국방 안보의 대화를 나누지 않았을까?

임진왜란의 발발을 막지는 못했더라도 최소한 미리 방비 대책을 세워 적의 선봉대가 남해안에 무혈 상륙, 이십일 만에 한성이 함락되는 대재앙은 면할 수도 있지 않았을까?

류성용과 이순신의 '위대한 만남'이 있었기에 결국 전란은 더 이상 번지지 않고 마무리되었다. 그런데 또 하나의 '위대한 만남'이 있었더라면 역사의 물줄기는 어떻게 흘렀을까?

이순신의 강직한 자기 관리에 찬사를 보내면서도, 더 큰 위기관리, 국방관리의 기회 상실에 아쉬움을 금할 수 없는 이유다.

명나라의 군사 지원

 임진왜란 7년에 걸쳐 조선, 일본, 명 3국은 각각 얼마의 군사를 동원하였던가?

일본은 기록상 임진년에 158,800명, 정유년에 141,000명 등 도합 298,800명을 동원했다. 그 중간의 교대 및 보충 병력까지 포함한 연인원은 가늠하기 어렵다.

명나라도 1592년 6월 요동군사 5,000명 파견을 시작으로 12월 이여송의 4만 군사 파견에 이어 교대 병력과 보충 병력을 계속 파견했다.

그러나 전시작전지휘권을 가지고 있던 대국의 병력 수를 조선이 정확히 파악할 수는 없었을 것이다. 명군이 압록강을 건너 또는 황해를 건너 입국할 때 조선의 접반사가 이들을 맞이하긴 했으나 천병(天兵) 부대의 병력 수를 감히 확인할 수는 없었을 것이다.

명군 수뇌부가 말하는 대로 받아들이고, 그에 맞춰 군량미와 마초를 제공하는 일, 그리고 길잡이 역할을 할 뿐 그 이상의 역할은 허용되지 않았을 테니 말이다.

〈난중잡록(亂中雜錄)〉 무술년(1598년) 3월 3일의 기록에 의하면, 군문 형개가 양호와 상의하여 수륙 4로 작전을 세울 당시의 총 병력은 142,700명이었다 한다.

동년 8월 18일 히데요시가 죽고 왜군 철수가 개시될 무렵 군문 형개는 4명의 제독들에게 동시 진격을 명했다.

이때 동로의 사령관인 제독 마귀는 24,000명의 병력, 부사령관인 조선군 경상좌병사 김응서는 5,500명의 병력을 투입했다. 중로의 사령관인 명군 제독 동일원은 36,700명의 병력, 부사령관인 경상우병사 정기룡은 2,300명의 병력을 이끌었고, 서로의 사령관인 명군 제독 유정은 13,600명의 병력, 부사령관인 조선군 도원수 권율은 10,000명의 병력을 지휘했다. 수로의 사령관인 제독 진린은 13,200명의 병력, 부사령관인 조선군 삼도수군통제사 이순신은 7,300명의 병력을 동원했다.

즉 명군은 총 87,500명, 조선군은 25,100명, 통틀어 112,600명을 동원했고, 이 숫자는 6개월 전에 비해 30,000명이 줄어든 숫자다.

어찌된 일일까?

당시 전황은 본국으로 철수하는 왜군에 대한 총공세를 벌여야 할 시기로, 한양 수비를 위해 후방에 많은 군사를 남겨둘 필요도 없는 때였다.

그런데 반년이란 짧은 기간에 사라져버린 3만 병력!

그들의 셈법은 백 명을 초과하면 천 명이라 하고, 천 명을 초과하면 만 명이라 하는 식이다 보니 병력 수에 대한 일방적인 발표를 어디까지 믿어야 할지 알 수가 없다. 그리고 조선으로부터 더 많은 군량을 지원받기 위해 병력 수를 부풀렸을지도 모른다.

천재와 범재

조선 태조 이성계는 8남 5녀를 낳았는데, 둘째아들 영안대군 방과는 2대 정종으로 등극해 2년여 재위했다. 다섯째아들 정안대군 방원은 3대 태종으로 등극해 18년을 재위했다.

태조 이성계는 천하 명궁이었는데, 명궁이라면 시력이 비상했을 테고, 비상한 시력과 지능은 상관관계가 있다고도 볼 수 있으므로 일단 '머리가 좋았다'고 봐도 될 것이다.

그 증좌로 아들인 정안대군 방원은 고려 말 과거시험에 합격하였고, 그의 딸 정선공주는 남휘에게 시집 가 손자 남이(충무공)를 보았고, 공주의 딸은 신자승에게 시집을 가 그 손자가 신사임당을 낳았고, 그녀는 천재 이이와 이우를 낳았다.

무엇보다도 아들인 만능의 천재 세종대왕과 그에 버금가는 손자 문종을 보았으니, 그 집안의 천재 유전자는 의심의 여지가 없다.

그러면 2대 왕인 정종의 후손들은 어떤가?

정종은 조선조 다산 챔피언인 12남 17녀의 태종에는 미치지 못하지만 15남 8녀 생산으로 성종과 선조에 이어 조선조 다산 4위이다.

그의 15 아들 중 6남 진남군의 6세손으로 이시언(1552~1624)이 있다. 그는 임진왜란 때인 1593년에 황해 방어사, 1594년에 전라 병마절도사가 되어 이순신 장군과 더불어 전라도 방어에 큰 공을 세웠다. 1596년에는 충청 병마절도사, 1598년에는 노량해전에서 전사한 이순신의 뒤를 이어 제4대 삼도수군통제사가 되었다. 1599년에는 이순신이 전라좌수영 본영으로 사용하던 진해루가 정유재란 때 왜군에 의해 불타버린 자리에 거대한 객사를 짓고 진남군의 작위를 본떠 '진남관(鎭南館)'이라 명명했다. 이 진남관은 1716년(숙종 42년)에 소실되었으나 1718년에 이제면이 다시 건립했고, 현재는 해체 복원 공사가 진행 중이다.

이순신 장군을 모신 여수 충민사를 건립한 것도 이시언 장군이며, 1601년 삼도수군통제영을 지금의 통영으로 옮긴 것도 이시언 장군이다. 이후 함경도 순변사, 평안 병마절도사, 훈련대장, 공조판서 등을 지냈는데, 이 외에도 진남군 후손들 중엔 조선의 호국 선열이 많다.

　조선왕조가 드물게도 27대 519년을 이어온 것은 이렇듯 왕조 초기의 우수한 유전자가 중반기까지 면면히 이어져 오다가, 후반기에 이르러 유전자의 연결고리가 끊어지면서 범재들만 줄줄이 등극한 사실과 무관하지는 않은 듯하다.

임진왜란과 호국불교
— 동국대학교 여해연구소 창립기념 제1회 학술세미나에서

1. 불교의 전래

불교는 현재 네팔 지역에 있던 옛 카필라 왕국의 왕자로 태어난 고우타마 싯다르타(B.C. 463~383경)에 의해 창시되었다.

그는 생로병사의 고통을 해결하기 위해 29세에 출가, 6년간의 고행 끝에 큰 깨달음을 얻은 뒤 80세에 열반하기까지 40여 년을 불교 포교의 길에 나섰다.

그의 가르침은 제자 중의 좌장인 가섭의 지휘 아래 25년간 석가모니를 수행했던 아난의 경장(經藏), 우바리의 율장(律藏) 그리고 논장(論藏)의 3장으로 정리되었으나, 세월이 흐르면서 불교 교단은 분열되고 그 가르침 또한 분화되었다.

그런 가운데 석가모니의 가르침을 몸으로 실천하며 중생

의 구제를 서원하는 대승불교가 나타나 중국을 거쳐 고구려, 백제, 신라와 일본으로 퍼져 나갔다. 그리고 출가자 개인의 구원을 희구하는 소승불교는 스리랑카, 미얀마, 태국, 베트남, 인도네시아 등 남방으로 퍼져 나갔다

2. 임진왜란 이전의 우리나라 불교

삼국 중 가장 먼저(AD 372) 불교를 받아들인 건 고구려였다. 그러나 가장 융성한 곳은 뒤늦게(AD 528) 받아들인 신라였다.

신라의 원광법사는 화랑5계속에 임금에 대한 충성을 강조했다. 자장법사는 황룡사 9층탑을 건립했다. 그리고 고려시대에는 외적(몽고족, 거란족)의 침략을 막기 위해 팔만대장경을 간행했다.

화랑에 대한 세속5계를 조금 더 들여다보자.

첫째, 사군이충, 즉 충성으로 임금을 섬기고,
둘째, 사친이효, 즉 효로써 부모를 섬긴다.
셋째, 붕우유신, 즉 친구 간에 신의가 있고,
넷째, 임전무퇴, 즉 싸움에 임하여 물러서지 말며,

다섯째, 살생유택, 즉 살생은 가려서 해야 한다.

여기서 우리가 주목해야 할 것은 살생유택, 즉 가려서 살생하라는 계율이다. 비록 석가모니가 불살생을 강조했지만 세월이 흐르고 가르침이 널리 전파되는 과정에서 그의 팔만사천 법문은 시대에 맞게, 지역 상황에 맞게 변화해 갔다.

원광법사의 살생유택 가르침도 마찬가지다. 석가모니의 초기 가르침에 임전무퇴니 살생유택은 없었다. 초기 소규모 씨족사회, 부족사회에서 '호국불교' 사상은 없었던 것이다. 호국불교 사상은 농업국가, 산업국가의 출현에 따라 국가체제 유지 또는 강화의 필요에 의해 나타났다.

3. 임진왜란 당시의 호국불교

불교, 즉 호국불교의 가장 뚜렷한 발현은 임진왜란 당시였다.

왜군의 잔인한 학살과 약탈 앞에 '독경'과 '참선'은 설 자리도, 시간도 없었다. 조선 민중은 출가, 재가 불문, 본능적인 자기 방어에 나설 수밖에 없었다. 더구나 삶의 터전인

사찰이 불타고 불상이 파괴되는 상황에서 승려들은 불살생의 계율에 묶여 이를 방관할 수 없었다.

그들은 단연 봉기했다. 수적으로는 관군이나 일반 의병들에 비해 열세였으나 처자도 없는 그들의 용맹과 사기는 누구보다 등등했다.

청주성, 평양성 탈환에 그들은 큰 공을 세웠다. 행주대첩, 제1차 진주성 전투의 승리에도 승군들의 공로는 빼놓을 수 없다.

특히 사명당 유정(1544~1610)은 전투뿐만 아니라 강화교섭에도 적극 나섰다. 그는 왜장 중에서도 가장 용명을 떨치던 가토 기요마사와 모두 네 차례나 강화회담을 위해 만났다.

첫 번째는 1594년 4월 13일 가토의 서생포 진영이었다. 이때 사명당은 가토에게 "당신이 일본 최고의 명장이니 히데요시의 명에 따라 조선 출병에 동원되지 말고, 그를 제거하고 스스로 왕이 되라"며 고도의 심리작전을 썼다. 이에 가토는 미소만 짓고 대답은 하지 않았으나 심리 효과를 부정할 수는 없을 것이다.

두 번째 회담은 석 달 후인 7월 10일 같은 서생포 진영이었다. 이때 사명당은 가토에게 "당신이 히데요시를 제거한다면 강화는 바로 이루어질 것이며, 명나라 또한 당신을 밀어줄 것"임을 더욱 강하게 설득했다. 그러나 가토는 히데요시의 부하로서 배반은 할 수 없다며 다른 조건들을 고집하는 바람에 무산되고 말았다.

세 번째 회담은 그해 12월. 조정에서는 가토의 쿠데타가 불가능한 것으로 보고 대신에 가토와 고니시와의 알력을 이용해 반간계를 추진하려고 했다. 그러나 가토는 조선이 자기를 배제하고 고니시를 통해 강화교섭을 앞서 추진한 것에 불만을 품고 사명당과의 면담을 거부했다. 그 대신 수행인들 간에 대리 접촉이 있었으나 성과는 없었다.

네 번째는 1595년 3월 18일, 역시 서생포였다. 이 회담에서 가토는 조선왕의 귀복, 조선 4도의 할양 등을 주장하며 불응 시엔 대규모 재침이 있을 거라고 협박했다. 그러나 사명당은 당당히 거부했고, 교섭은 소득 없이 끝났다.

결론적으로 사명당과 가토 기요마사와의 강화 교섭은 가시적인 성과가 없었다. 그러나 조선의 조정은 별도로 진행하던 심유경과 고니시의 강화교섭으로 공을 뺏길까봐 초조해하던 가토의 심리를 십분 활용, 그의 돌발적인 군사행동을 억제하는 데 성공했다. 이 과정에서 최대 공로자는 사명당이었다.

4. 호국불교와 우리의 삶

사명당은 종전 후 일본의 새 실력자 도쿠가와 이에야스를 만나기 위해 일본으로 건너가 양국의 외교 재개 물꼬를 트고, 이천 여명의 조선인 포로와 피로인들을 쇄환했다. 이는 어느 장군의 전공에도 뒤지지 않는 대단한 공적이다.

(사명당 이 외에도 이순신의 사후 충민사를 짓고 죽는 날까지 제사를 받들었던 의능 등 수많은 승려들의 활동상황에 대해서는 이철헌 교수의 발제문 참조)

사회적 하층민으로 천대만 받던 승군들. 그들은 국난에 처하여 스스로 봉기해 군량도 자급하고 녹봉도 없이 싸우면서 이름도 남기지 않고 스러져 갔다.

5. 불교와 우리의 삶

우리의 의식(衣食)을 지배하는 것은 정치이나, 우리의 의식(意識)을 지배하는 것은 종교다. 전시에 순수 불교는 자연스레 호국불교로 변신했고, 평화 시에는 생활불교로 돌아왔다.

불교도에게 출생, 합격, 취직, 결혼 등 인생의 대사뿐만 아니라 생로병사의 모든 과정은 불교인 것이다(이는 물론 크리스천이나 무슬림도 마찬가지지만).

  대한민국이 존재하고 우리의 삶이 지속되는 한 호국불교 또한 우리의 삶에서 떼어놓을 수 없을 것이다.

부록

OhmyNews 인터뷰
2022. 01. 31.

우리는 이순신을 얼마나 알고 있나?

우리는 이순신을 얼마나 알고 있나?

– 동국대학교 인문학연구원 산하 여해연구소 이사장 **이인재**

"이순신이 없었으면 조선왕조실록도 없을 수 있었고 태평양전쟁도 발생할 수 있었다. 충무공의 업적에 비해 여해 연구는 아직 부족하다."

이인재 이사장(동국대학교 인문학연구원 산하 여해연구소)은 자칭 타칭 이순신 덕후다. 책 〈1592 이순신〉을 썼고, 이순신 웹툰을 포털에 연재 중이며, 동국대 미래융합교육원 인문문화예술최고위과정에서 이순신 강의를 하고 있다. 2022년 가을에는 이순신 연극을 무대에 올릴 예정이다.

올해 77세인 그가 이순신에 관심을 가지게 된 것은 항공사 근무 시절 외국 생활을 하면서다. 외국에 나가면 모두가 애국자가 된다고 했던가. 40여 년 항공업에 종사하면서 80여 개국을 방문했던 그는 각 나라의 역사를 접하게 됐고, 그러면서 우리 역사에 더 관심을 갖게 됐다.

이 이사장은 "어느 나라나 침략과 국난의 역사가 있다. 하지만 어떻게 극복하느냐는 다른데, 우리나라의 국난 극복은 대단한 것 같다. 특히 임진왜란 때 이순신은 그 정점에 있다고 생각한다"라고 말했다. 그는 이순신에 관심을 가지면서 국민, 특히 젊은 사람들이 이순신에 대해 생각보다 많이 모른다는 사실에 놀랐다고 한다.

동국대학교 산하 여해연구소는 이순신 연구에 대한 학술적 지원과 연구, 홍보를 위해 2021년 10월 설립됐고, 그는 초대 이사장을 맡았다. 다음은 26일 동국대학교 여해연구소에서 이인재 이사장과 인터뷰한 내용을 정리한 것이다.

- 여해연구소는 어떤 곳인가?

이순신의 자가 여해(汝諧)다. 임진왜란의 영웅인 충무공을 연구하고 홍보하기 위해 지난해 10월 설립됐다. 이순신

탄신 500주년이 되는 2045년까지 여해 연구를 집대성하는 것을 1차 목표로 하고 있다.

- 이순신은 연구하는 곳이 많다. 여해연구소가 다른 곳과 차이점이 있다면?

동국대학교가 위치한 중구는 이순신이 태어난 곳이라는 상징성이 있다. 현재 이순신은 폭넓은 연구가 진행된 것이 사실이다. 하지만 학문적 연구에 한계가 있는 것은 아니라고 생각한다. 예를 들어 임진왜란의 대척점에 있는 도요토미 히데요시를 연구하는 곳은 일본에 수백 곳에 이른다. 단순 비교를 하더라도 연구 분량이 백분의 일도 안 된다고 생각한다.

또 이순신에 대한 평가가 국내 자료를 중심으로 국내 인물로만 알려진 면이 있다. 일본에서 평가하는 이순신, 명나라에서 바라본 이순신 등 보다 입체적인 연구를 하자는 것이다. 그런 점에서 이순신에 대한 연구는 아직도 많이 부족하다. 그동안의 연구를 바탕으로 더 깊이 있는 학술적 성과를 얻기 위해 연구하고 지원하는 것이 우리의 일이다.

- 개인적으로 알리고 싶은 이순신의 업적이 있다면?

임진왜란 당시 일본은 우리나라를 거쳐 중국, 동남아, 인도까지 침략할 계획을 세웠다고 한다. 말하자면 태평양전쟁이 일어날 수 있었다. 실제로 일본은 350년 후 태평양전쟁을 일으켜 아시아에 많은 상처를 주었다. 이순신은 그때 일어날 뻔했던 태평양전쟁을 막았다.

또 임진왜란 당시 춘추관과 충주, 성주에 보관하던 조선왕조실록은 소실됐다. 당시 유일하게 남아있던 것이 '전주사고본'인데 이순신이 남해에서 왜구를 막지 못했다면 전주사고도 어떻게 됐을지 알 수 없었다. 여기에 여해가 53년을 사는 동안 우리가 알고 있는 것은 마지막 7년이 대부분이다. 육군에서 근무했던 시기가 더 긴데도 불구하고 관심도가 낮고 잘 모르는 경우가 있다. 이 부분에 대한 연구도 더 필요하다.

- 이순신에 관심을 가진 것은 언제부터인가?

항공사 근무를 거쳐 항공업에 종사하면서 80여 개국을

다닐 수 있었다. 각 나라의 역사를 접하면서 우리나라 역사에 더 많은 관심을 갖게 됐다. 특히 세계 전쟁사를 보더라도 이순신만큼 위대한 장군이 없는데 우리가 너무 모르고 있다는 사실을 느꼈다. 그때부터 관심을 갖게 됐다.

또 이순신 국난극복의 K-history는 콘텐츠로도 훌륭하다는 생각이 들었다. 셰익스피어의 고향인 '스프랫퍼드 어펀 에이번'은 인구 2만 7,000명의 작은 도시지만, 연간 600만 명의 관광객이 찾아온다. 프랑크푸르트도 괴테 효과를 톡톡히 보고 있다. 나는 이순신은 그에 못지않은 좋은 콘텐츠라고 생각한다.

- 이순신 웹툰을 제작했다고 하던데?

〈1592 이순신〉이라는 책을 먼저 출간했었다. 그런데 요즘 출판시장이 좋지 않다. 특히 젊은이들에게 이순신을 좀 더 잘 알리려면 눈높이를 2030에 맞춰야 할 것 같아 포털에 웹툰 연재를 시작했다. 지금은 유튜브를 통해서도 볼 수 있도록 하고 있다.

- 여해연구소는 어떤 일을 하나?

　전국에 흩어져 있는 이순신 사료 발굴과 다양한 연구 지원과 국제학술세미나 등을 통해 학문적 깊이를 쌓아갈 것이다. 그리고 단순한 연구에 그치는 것이 아니라 이순신을 알릴 수 있는 교육과 홍보활동도 펼칠 예정이다.

　우선 10월에 연극 〈남해달빛〉을 이해랑예술극장에서 공연한다. 현재 임영록 작가가 기획을 맡고 연출은 지난해 대한민국연극제에서 〈복사꽃 지면 송화 날리고〉로 은상을 받은 송정바우 연출가가 맡아 진행 중이다. 4월과 11월에는 국제학술세미나를 개최하고 〈1592 이순신〉 e-book, NFT 전자출판도 준비 중이다.

　5월에는 학생들을 대상으로 '이순신 골든벨'을 개최하고 국외에도 이순신을 알리기 위한 작업을 하고 있다. 그 첫걸음으로 이번 달부터 온라인 강의를 통해 캄보디아 웹툰 스쿨에서 이순신을 강의하고 있다.

- 특히 하고 싶은 일이 있다면?

한산대첩의 숨은 영웅 김천손을 기리기 위한 마라톤대회를 하고 싶다. 거제도의 목동인 김천손은 한산대첩 하루 전 왜군 함대가 다가오는 것을 보고 견내량에서 당포까지 23km를 달려가 그 정보를 이순신에게 전달했다. 그 결과는 한산대첩으로 나타났다. 오직 나라를 위해 달렸던 김천손의 길을 함께 달리며 그날의 뜻을 기리는 시간을 갖고 싶다. 또 남해, 부산, 거제도, 진주 등 임진왜란 전투 현장을 학생들과 함께 찾아가 국난극복 역사를 함께 교류할 수 있는 역사기행 프로그램도 진행하고 싶다.

그리고 부산대첩비도 만들고 싶다. 부산대첩은 이순신이 1592년 9월 부산포에서 육·해군을 이끌고 140여 척과 왜군 5,000여 명을 격파한 전투이다. 그런데 아직 이에 대한 대첩비도 없다. 이를 위해 노력하고 있는 여러 단체와 힘을 모아 꼭 부산대첩비를 세우고 싶다.